생성형 AI와 엔터테크

인공지능총서

인공지능 시대입니다. 기계가 인간의 인지를 대신하고, 사물이 인간을 통하지 않고 다른 사물과 직접 커뮤니케이션합니다. 이에 따른 인간 삶과 문명 변화를 정확히 이해·예측·대응하는 것은 이 시대 우리 모두의 과제입니다. 인공지능총서는 인공지능 기술과 환경의 여러 주제를 10가지 키워드로 정리합니다. 관련 개념과 이론, 학계와 산업계의 쟁점, 우리 일상의 변화를 다룹니다. 인간과 기술의 현재, 미래를 세심히 분석합니다.

일러두기

- 인명, 작품명, 저서명, 개념어 등은 한글과 함께 괄호 안에 해당 국가의 원어를 병기했습니다.
- 외래어 표기는 현행 어문규정의 외래어표기법을 따랐습니다. 다만 '팔로어'는 관행을 따랐습니다.

처음이세요?

전문가세요?

생성형 AI와 엔터테크

황서이

대한민국, 서울, 커뮤니케이션북스, 2025

생성형 AI와 엔터테크

지은이 황서이
펴낸이 박영률

초판 1쇄 펴낸날 2025년 7월 11일

커뮤니케이션북스(주)
출판 등록 2007년 8월 17일 제313-2007-000166호
02880 서울시 성북구 성북로 5-11
전화(02) 7474 001, 팩스(02) 736 5047
commbooks@commbooks.com
www.commbooks.com

ISBN 979-11-430-0496-3 03500

책값은 뒤표지에 표시되어 있습니다.

차례

생성형 AI와 엔터테인먼트의 만남, 기술과 창의성의 새로운 시대

디지털 기술의 발전은 인간의 삶에 끊임없는 변화를 가져왔다. 그중에서도 생성형 AI(Generative Artificial Intelligence)는 기존의 산업 구조를 근본적으로 재편할 만큼 혁신적인 가능성을 보여 주며, 다양한 분야에서 새로운 흐름을 만들어 가고 있다.

이 책은 엔터테크(Entertech) 시대의 생성형 AI를 중심으로, 기술이 엔터테인먼트 산업을 어떻게 혁신하고 있는지를 깊이 있게 탐구한다. 특히 AI 기술의 발전이 콘텐츠 창작, 유통, 소비, 그리고 팬과의 상호작용 전반에 어떤 실질적 변화를 일으키고 있는지를 구체적인 사례와 함께 살펴본다.

생성형 AI는 단순히 인간의 창작을 보조하는 도구를 넘어 텍스트, 이미지, 음악, 영상 등 다양한 콘텐츠를 스스로 생성하고 변형하는 창작의 주체로 부상하고 있다. 스토리라인 개발, 대사 작성, 자동 영상 편집, 이미지 생성 등 창작의 여러 단계를 자동화해 제작 효율성을 비약적으로 향상하고, 콘텐츠 생산 속도와 비용 구조를 획기적으로 개선한다. 이는 창작자의 부담을 줄이는 동시에 더 창의적인 작업에 집중할 수 있는 환경을 제공한다.

또한 생성형 AI의 영향력은 창작 과정에만 국한되지 않는다. 콘텐츠 소비 방식에도 근본적인 변화가 나타나고 있다. AI 기반의 맞춤형 추천 시스템은 사용자 개개인의 취향에 최적화된 콘텐츠를 제공하고, 팬과 아티스트가 실시간으로 소통할 수 있는 팬 플랫폼은 소비자 경험을 새롭게 정의한다. 이처럼 기술은 콘텐츠와 수용자 간의 관계를 더 밀접하고 상호작용적인 형태로 발전시키고 있다.

특히 K-팝을 중심으로 한 한국의 글로벌 콘텐츠 산업은 생성형 AI의 잠재력을 적극적으로 활용하고 있다. 하이브(HYBE), SM엔터테인먼트 등은 AI 기반 가상 아티스트와 팬 플랫폼을 통해 전통적인 팬덤 경제를 혁신하며, 새로운 글로벌 비즈니스 모델을 구축하고 있다. 팬은 단순한 수용자를 넘어, 콘텐츠의 공동 창작자이자 상호작용의 주체로 변화하고 있다. 팬은 자신만의 아바타를 만들고, 맞춤형 콘텐츠를 경험하며, 인터랙티브(Interactive)한 방식으로 아티스트와 소통한다. 이러한 변화는 콘텐츠의 몰입도와 개인화를 높일 뿐 아니라 수의 구조의 다변화와 시장 확장을 가능하게 한다.

생성형 AI는 또한 글로벌 콘텐츠 시장의 확장성과 접근성을 비약적으로 향상하고 있다. 다양한 언어와 문화를 이해하고 반영할 수 있는 AI 기술은 단순한 번역을 넘어 문화적 맥락에 적합한 콘텐츠 현지화를 가능케 하며, 전 세계 수용자들에게 더 정교하고 개인화된 경험을 제공한다. 이는 콘텐츠의 국제적 확산과 수용층 확대에 크게 기여하고 있다.

이 책은 이러한 생성형 AI의 기술적 원리와 함께 실제 콘텐츠 산업에서의 적용 사례를 중심으로 산업적 · 문화적 변화의 양상을 구체적으로 설명한다. 아울러 생성형 AI와 엔터테크의 융합이 비즈니스 모델, 창작자의 역할, 수용자의 위치까지 어떻게 재정의하고 있는지를 집중적으로 다룬다. 기술의 발전이 단순한 효율 향상을 넘어, 콘텐츠 산업 구조 전반을 변화시키고 있음을 강조하며, 창작과 소비의 경계를 허물고 새로운 형태의 참여와 협업 생태계를 만들어 가고 있다.

K-콘텐츠 확장의 동력, '엔터테크'의 부상

최근 글로벌 시장에서 한국 콘텐츠의 영향력이 빠르게 확대되고 있으며, 이 성장을 이끄는 중심에는 엔터테인먼트(Entertainment)와 기술(Technology)의 융합인 엔터테크의 존재가 있다. 엔터테크는 디지털 기술을 활용해 기존 콘텐츠의 한계를 넘어서는 새로운 몰입형 경험을 제공하는 것을 목표로 하며, 그 중심에는 인공지능의 발전이 있다. 특히 생성형 AI 기술은 콘텐츠 제작과 소비 방식 모두를 근본적으로 변화시키며, 엔터테크의 진화를 가속화하고 있다.

한국의 드라마, 영화, 음악 등은 세계 시장에서 높은 인기를 얻고 있으며, 이러한 성공은 AI 기반 콘텐츠 제작 기술, 개인화된 추천 시스템, 스트리밍 플랫폼의 고도화 등 엔터테크 기술과 긴밀히 연결되어 있다. AI는 기획, 제작, 유통의 전 과정에서 효율성을 높이며, 창작 방식과 사용자 경험 모두에 새로운 가능성을 제시한다.

생성형 AI의 본격적인 도입은 콘텐츠 산업 전반에 걸쳐 기술 수용의 속도를 높이고 있으며, 비록 아직 완전한 상용화에는 이르지 못했지만, 디지털 기술과 콘텐츠의 융합이라는 과거 흐름을 고려할 때 AI와의 결합 역시 자연스럽게 진화해 나갈 것으로 기대된다.

현재 국내외 AI 스타트업은 이미지, 음성, 영상 등 다양한 콘텐츠를 생성할 수 있는 기술을 활발히 개발 중이며, 이러한 기술은 K-콘텐츠, K-팝, K-드라마 등과 접목

되어 새로운 형태의 콘텐츠 확산과 파급 효과를 만들어 내고 있다. 유튜브(YouTube)와 같은 글로벌 플랫폼에서 활동하는 크리에이터들 역시 생성형 AI를 도구로 활용하며 자동 번역, 외국어 더빙, 다국어 자막 생성 등 AI 기반 후반 작업 기술을 통해 콘텐츠의 글로벌 확산과 현지화를 가속화하고 있다. 이는 국제 경쟁력 강화에도 결정적인 역할을 한다.

한편 미국을 중심으로 한 글로벌 콘텐츠 산업에서도 생성형 AI 기술의 도입은 빠르게 진행 중이다. 예를 들어, 미국의 AI 스타트업 런웨이(Runway)는 텍스트 명령만으로 몇 분 안에 영상을 제작할 수 있는 AI 도구를 개발했으며, 마블을 비롯한 대형 스튜디오들 역시 AI 기반 제작 시스템을 적극 도입하고 있다. 이러한 흐름은 콘텐츠 산업의 자동화, 고도화, 현지화, 인터랙티브 기능 확장이라는 측면에서 중요한 전환점을 보여 준다.

한국 역시 AI 기반 콘텐츠의 다양한 실험이 활발히 이루어지고 있다. MBN은 AI로 구현한 김주하 앵커를 뉴스에 투입해 새로운 방식의 뉴스 전달을 시도했고, JTBC는 고인을 복원하는 프로그램 〈얼라이브(ALIVE)〉를 통해 음성 및 얼굴 복원, 딥페이크 기술이 결합한 새로운 유형의 방송 콘텐츠를 선보였다. 고(故) 유재하가 AI를 통해

35년 만에 신곡을 발표하거나, 울랄라세션의 고(故) 임윤택이 방송에 등장한 사례는 기술과 감성이 결합한 예술적 실험으로 주목을 받았다. 이는 단순한 과거 재현을 넘어, 기술 기반 창작의 새로운 패러다임이 등장하고 있음을 보여 준다.

생성형 AI는 콘텐츠의 예술적 가치와 제작 효율성을 동시에 끌어올릴 수 있으며, K-콘텐츠의 글로벌 경쟁력을 높이는 전략적 수단으로 작용하고 있다. 더불어 AI는 새로운 창작 환경을 제공함으로써 잠재적인 크리에이터에게도 영감을 주고, 콘텐츠 산업의 진입 장벽을 낮추는 긍정적인 효과를 창출하고 있다.

그러나 글로벌 엔터테인먼트 대기업들과 비교할 때, 한국 콘텐츠 기업들은 여전히 기술력, 자본력, 연구개발 투자 측면에서 격차를 보인다. 미국과 영국의 주요 스튜디오들은 방대한 콘텐츠 자산을 바탕으로 자체 생성형 AI 모델을 개발하며, 콘텐츠 제작의 자동화뿐 아니라 인터랙티브 기능, 문화 현지화 기술까지 도입하고 있지만, 한국은 기술 도입이나 조직 역량 면에서 상대적으로 제한된 자원을 가지고 있다.

이러한 상황에서 한국 콘텐츠 산업이 글로벌 시장에서 지속 가능한 성장을 이어 가기 위해서는 생성형 AI를 중심으로 한 엔터테크 기술의 전략적 활용이 절실하다. 단기적인 기술 도입을 넘어서, 장기적인 기술 내재화, 스타트업 및 기술 기업과의 협업 확대, 공공과 민간의 연구·개발 연계, 정책적 투자 유도 등이 병행되어야 한다. 생성형 AI는 향후 콘텐츠 기획, 제작, 유통, 소비자 경험을 모두 혁신하는 중심축이 될 것이며, 엔터테인먼트 산업의 미래를 좌우하는 핵심 요소로 자리 잡을 것이다.

엔터테인먼트 분야 생성형 AI 도입

생성형 AI는 엔터테인먼트 분야에서 빠르게 진화하며 큰 변화를 이끌고 있다. 2022년 세계경제포럼(World Economic Forum)의 발표에 따르면, 사람들이 AI로 인해 가장 크게 변화할 것으로 예상한 분야로 교육과 엔터테인먼트를 꼽았다. 이는 온라인 강좌, 스트리밍 서비스 등 디지털 기술이 이미 이들 분야에서 부가가치를 크게 높였기 때문이다. 따라서 새로운 AI 기술이 등장하면 이 분야에서 빠르게 적용되고 기존 시스템을 대체할 가능성이 높다고 평가된다.

생성형 AI는 대량의 데이터를 학습한 딥러닝 기반 모델을 통해 텍스트, 코드, 이미지, 비디오 등 다양한 형태의 콘텐츠를 생성하거나 조작할 수 있다. 대규모 언어 모델(LLM, Large Language Model)을 기반으로 방대한 정보를 학습하며 문서 작성, 코드 자동 완성, 이미지 생성 및 수정, 음성 및 음악 제작, 비디오 생성 등 다양한 기능을 제공한다. 최소의 입력만으로도 콘텐츠 포맷을 자동 변환할 수 있는데 예를 들어 자연어 텍스트 프롬프트만으로 이미지나 비디오를 생성할 수 있다. 그러나 이러한 AI가 웹상의 다양한 자료를 기반으로 학습한다는 점에서 저작권 침해 논란도 함께 제기되고 있다.

현재 생성형 AI는 영화, 음악, 스트리밍 서비스 등에서 콘텐츠 창작의 새로운 도구로 자리매김하고 있다. 콘텐츠 제작 비용을 절감하고 창작 과정의 효율성을 향상하며, 개인화한 사용자 경험을 제공하려는 기업들의 전략적 선택이 이어지고 있다. 예를 들어, 스포티파이(Spotify)는 AI DJ를 통해 개인 맞춤형 플레이리스트를 제공하고 있으며, 틱톡(TikTok)은 텍스트를 이미지로 변환하는 기능을 도입했다. 유튜브는 AI 기반 비디오 편집 및 섬네일 제작 도구를 제공하고 있고, 〈로블록스(Roblox)〉는 게임 개발자들이 AI를 활용해 게임 아이템을 제작할 수 있도록 기능을 확장하고 있다.

한국의 엔터테인먼트 산업에서도 생성형 AI에 관한 관심이 높아지고 있다. SM엔터테인먼트는 그룹 에스파

(Aespa)와 그 가상 동반자인 아이-에스파(æ-aespa)의 세계관 속 조력자인 '나이비스(nævis)'를 AI 디지털 휴먼 아티스트로 구현하고 있다. 하이브는 AI 스타트업 수퍼톤(Supertone)의 지분을 인수하고 협업 프로젝트를 진행 중이다. 수퍼톤은 사람의 목소리 샘플을 기반으로 새로운 노래를 제작하거나 다양한 언어로 음성을 변환하는 보이스 클로닝 기술을 보유한 기업으로, 음악, 영화, 애니메이션, 오디오북, 게임 등 다양한 콘텐츠 분야에서 높은 활용 가치를 인정받고 있다.

생성형 AI는 텍스트, 이미지, 비디오, 음악 등 모든 콘텐츠 포맷을 생성하고 변환하는 데 중심 역할을 하며, 콘텐츠 제작과 유통 방식에 구조적인 변화를 일으키고 있다. AI는 영화, TV, 게임, 음악 제작 전반에 깊이 개입하고 있으며, 콘텐츠 생산 과정뿐만 아니라 비즈니스 모델 자체에도 영향을 미치고 있다. 전문가들은 생성형 AI의 등장이 유튜브가 미디어의 자율성과 다양성을 확장했던 것처럼, 콘텐츠 기획과 제작의 자유도를 높이는 계기가 될 것으로 전망한다. 생성형 AI는 크리에이티브 프로페셔널(Creative professional)의 시대를 열고 있으며, 콘텐츠 제작과 소비의 방식 전반을 재편하고 있다. 앞으로 엔터테인먼트 분야에서 생성형 AI의 역할은 더욱 확대

될 것이다.

생성형 AI는 엔터테인먼트 분야에 큰 변화를 일으키고 있으며, 특히 콘텐츠 기획과 창작 과정에서 중요한 역할을 하고 있다. 이 기술은 시놉시스 작성, 로그라인 설정, 인물 설정, 대본 생성 등 다양한 창작 작업을 지원하며, 작업의 효율성을 높이고 창의적인 아이디어를 제공한다. 예를 들어, 챗GPT(ChatGPT)와 같은 대형 언어 모델은 작품의 전체 구조를 설계하는 데 도움을 주며, 이후에는 텍스트 기반 콘텐츠를 이미지나 비디오로 시각화하는 생성형 AI 도구를 통해 비주얼 콘텐츠로 구현할 수 있다. 이러한 기술 덕분에 엔터테인먼트 산업에서는 더욱 빠르고 창의적인 콘텐츠 제작이 가능해지고 있으며, 예술가와 제작자들은 AI와 협력하여 새로운 형태의 스토리텔링을 탐색하고 있다.

그러나 생성형 AI의 발전은 창작자의 일자리에도 영향을 미치고 있다. 텍스트 생성 AI는 단순한 기능적 작업을 넘어 창작의 영역에서도 활용되고 있으며, 나아가 AI가 작가의 일자리를 대체할 수 있다는 우려가 제기되고 있다. 실제로 2023년 미국에서는 작가와 배우들이 AI 활용과 스트리밍 서비스의 확산에 반발하여 대규모 파업을 벌였고, 이는 약 5개월간 이어졌다. 파업의 결과로,

대본 작업에 AI를 활용하면 작가 보호 조치를 도입한다는 합의가 이루어졌다. 이 사건은 AI 기술이 창작 분야에 미치는 현실적인 영향을 보여 주며, 창작자의 권리를 보호하기 위한 새로운 규제와 협약의 필요성을 시사한다.

음악 분야에서도 생성형 AI의 활용이 빠르게 확산하고 있다. 이 기술은 가사를 자동으로 생성하거나 멜로디를 작곡하고, 곡의 편곡을 지원하는 등 음악 창작의 다양한 단계에서 핵심 역할을 수행하고 있다. 생성형 AI는 작사, 작곡, 편곡뿐만 아니라 음악 믹싱 프로그램에도 활용되며, 믹싱 작업의 효율성을 높이고 있다. 이러한 발전은 음악 창작 과정을 더 효율적이고 창의적으로 변화시키고 있으며, 음악 산업에서 생성형 AI의 활용 범위는 계속해서 확장되고 있다.

반면, 디지털 휴먼 기술은 기대와 달리 발전 속도가 다소 느린 편이다. 메타버스 기술과 함께 빠른 성장을 예상했으나, 비즈니스 모델의 미비로 상업적 성공 사례가 제한적이며, 기술 발전 역시 정체 상태에 머물고 있다.

한국의 엔터테인먼트 산업에서는 생성형 AI를 활용한 비즈니스 모델 개발이 활발히 이루어지고 있으며, 하이브가 대표적인 사례다. 하이브는 AI 스타트업 수퍼톤에 투자해 보이스 클로닝(Voice cloning) 기술을 활용하고 있으며, 이를 K-팝 콘서트, 오디오 드라마, 광고 등 다양한 분야에 적용하고 있다.

엔터테인먼트 분야에서 생성형 AI는 주로 대형 언어 모델을 기반으로 하여 텍스트를 활용해 거의 모든 형태의 콘텐츠를 자동으로 제작하는 방향으로 구현되고 있다. 자연어 명령을 활용한 콘텐츠 생성, 코드 자동 생성, 텍스트 프롬프트 기반 이미지 생성 등의 기술이 중심을 이루며, 음성, 음악, 비디오 분야에서도 적용이 활발해지고 있다. 특히 AI 기반 더빙 기술은 스트리밍 서비스의 확산과 맞물려 수요가 많이 증가하고 있다.

딥페이크 기술을 활용한 스트리밍 콘텐츠도 주목받고 있다. 할리우드 스튜디오들은 배우의 얼굴과 목소리를 정밀하게 재현할 수 있는 AI 기술이 상업적 이익을 가져올 수 있다는 점에 주목하고 있으며, 이에 따라 계약 시 AI 사용에 관한 조항을 명시하는 사례가 증가하고 있다. 동시에 AI 기반 창작물이 확대되면서 저작권과 원저작물의 구분, 권리 귀속에 대한 법적 논의가 더욱 절실해지고 있다. 이는 생성형 AI가 만들어 내는 콘텐츠의 법적 · 윤리적 기준 정립이 시급하다는 점을 보여 준다.

생성형 AI는 영상 콘텐츠의 후반 작업에서도 활용되고 있다. 후반 편집의 효율성을 높이고 작업 시간을 단축하는 AI 편집 도구가 등장하고 있으며, 이러한 기술은 프로그램의 확산과 함께 글로벌 시장 진출에도 기여하고 있다. 앞으로 더 다양한 분야에서 창의적이고 효율적인 AI 기반 영상 제작이 가능해질 것으로 전망된다.

생성형 AI는 또한 TV, 스트리밍, 스포츠, 라디오, 뉴스 등 다양한 매체 분야에 폭넓게 적용되고 있다. 예를 들어 라디오 방송에서는 AI 보이스를 활용해 재난 상황에 대한 신속하고 정확한 정보를 전달하고 있으며, 이는 기후 변화로 자연재해 발생이 증가하는 현실에 대응하는 방식으로 주목받고 있다. 뉴스 콘텐츠에서는 AI CNN을 만들겠다는 스타트업의 시도도 등장하고 있다.

엔터테인먼트 산업에서 생성형 AI는 다양한 텍스트 기반 도구로 발전하고 있으며, 특히 AI가 생성한 콘텐츠의 저작권 문제는 중요한 논의의 중심에 있다. AI가 창작한 콘텐츠의 권리를 누구에게 귀속시킬 것인가에 대한 논의는 기술 발전과 함께 반드시 해결해야 할 과제로 떠오르고 있다. 이에 따라 법적 · 윤리적 기준을 마련하고, 창작자와 AI의 역할을 구분할 수 있는 체계 정립이 요구되고 있다.

이 책의 구성은

《생성형 AI와 엔터테크》는 생성형 AI의 기술적 발전이 엔터테인먼트 산업에 미치는 영향을 여러모로 조명하는 책이다. 총 10장으로 구성된 이 책은 기술의 원리부터 산업 현장 적용, 사회문화적 파급력과 윤리적 쟁점까지 폭넓게 다루며, 독자에게 기술과 콘텐츠 산업의 미래를 조망할 수 있는 통찰을 제공한다.

이 책은 '기술 → 응용 → 사회적 논의 → 지속 가능성'이라는 논리적 흐름을 바탕으로 구성되어 있어 전체적인 설득력을 높이는 데 큰 강점을 지닌다.

먼저 1장에서 생성형 AI의 기술적 기반과 작동 원리를 설명해 독자가 핵심 개념을 정확히 이해할 수 있도록 돕고, 이후 2장부터 6장까지는 각 산업 영역에서 AI 기술이 어떻게 응용되고 있는지를 구체적인 사례로 풀어낸다. 방송, 음악, 광고, 버추얼 캐릭터 등 다양한 콘텐츠 산업의 변화 양상을 보여 주는 이 구간은 기술이 실제로 현장에서 어떤 방식으로 활용되고 있는지를 실감 나게 전달하며 독자의 흥미를 유도한다.

이어지는 7장부터는 AI 기술이 가져온 변화가 사회적으로 어떤 윤리적, 법적 문제를 낳고 있는지에 주목하며, 단순한 기술 낙관론을 넘어 비판적 사고의 장을 열어 준다. 특히 8장에서는 인터랙티브 콘텐츠와 실시간 스토리텔링에서 생성형 AI가 서사의 형식과 참여 방식을 어떻게 재편하고 있는지를 다루고, 9장에서는 AI 콘텐츠와 NFT(Non Fungible Token), 블록체인 기술의 결합을 통해 디지털 콘텐츠의 자산화와 권리 보호 방식이 어떻게 변화하고 있는지를 조명한다.

마지막으로 10장은 인간과 AI의 협업 가능성을 중심으로 지속 가능한 창작 생태계 구축이라는 미래 지향적 전망을 제시함으로써, 독자에게 기술과 인간이 공존하는 방향에 대한 성찰을 유도한다.

이러한 구성은 전문성과 대중성 모두를 고려한 설계로, 학술적 깊이와 산업적 실용성을 아우르며 엔터테크 입문자는 물론 관련 분야 종사자에게도 유익한 독서 경험을 제공한다.

각 장을 살펴보면 다음과 같다.

1장에서는 생성형 AI의 작동 모델을 설명한다. 딥러닝, 자연어 처리, 트랜스포머, GAN(Generative Adversarial Network, 생성적 적대 신경망), 음성 및 영상 합성 기술 등 AI가 콘텐츠를 만들어 내는 기술적 기반을 다루며, 독자가 생성형 AI의 구조를 이해하고 콘텐츠 창작 과정에서 어떻게 적용되는지를 파악할 수 있도록 돕는다.

2장에서는 AI 추천 알고리즘이 어떻게 스트리밍 플랫폼을 변화시키고 있는지를 분석한다. 넷플릭스(Netflix), 유튜브, 패스트 TV(FAST TV) 등을 사례로, AI가 콘텐츠 소비의 개인화를 가능케 하고 마케팅 자동화를 실현함으로써 수용자 경험을 어떻게 재구성하는지를 설명한다.

3장은 AI가 방송 · 영상 콘텐츠 제작과 시스템을 어떻게 자동화하고 있는지를 다룬다. 실제 사례를 중심으로, AI가 제작 시간과 비용을 어떻게 절감하는지를 구체적으로 보여 준다.

4장은 음악 산업에서 생성형 AI의 적용을 집중 조명한다. 주요 AI 기반 음악 도구들을 소개하고, 작사 · 작곡 · 편곡 · 음성 합성 · 보이스 클로닝 등 다양한 단계에서 AI가 어떻게 창작자의 파트너로 기능하고 있는지를 설명한다.

5장에서는 콘텐츠 광고 · 마케팅 분야에서 AI가 어떻게 자동화된 전략을 가능하게 하는지를 살펴본다. AI 카피라이팅(Copywriting), 개인화된 광고 콘텐츠 제작, 소비자 타기팅 시스템 등 마케팅의 효율성을 극대화하는 다양한 사례를 제시하며, AI 활용을 구체화한다.

6장은 버추얼 프로덕션(Virtual production)과 디지털 휴먼 기술을 중심으로, AI가 실시간 렌더링, 가상 스튜디오, 인터랙티브 캐릭터 제작 등에서 어떤 역할을 하고 있는지를 다룬다.

7장에서는 생성형 AI가 제기하는 법적·윤리적 쟁점에 주목한다. AI 대체 논란과 창작자의 권리 보호 필요성을 설명하며, 딥페이크와 저작권 문제 등 기술 발전에 따른 규제의 필요성을 제기한다.

8장에서는 AI가 실시간 스토리텔링 구조를 어떻게 변화시키는지를 다룬다. 인터랙티브 콘텐츠, 메타버스 기반 쌍방향 경험 등 콘텐츠와 수용자 간의 경계가 허물어지는 흐름을 분석하며, 새로운 서사 구조의 가능성을 탐색한다.

9장에서는 AI 콘텐츠와 NFT, 블록체인 기술의 융합을 통해 콘텐츠의 소유권과 수익 분배 구조에 어떤 변화가 일어나고 있는지를 설명한다. AI가 생성한 콘텐츠의 권리 귀속 문제와 이를 보완하는 NFT 기반 보호 모델을 통해 디지털 자산화의 흐름을 분석한다.

10장에서는 인간 창작자와 AI가 협력하는 지속 가능한 창작 생태계 구축 방안을 제시한다. 엔터테인먼트 콘텐츠에서 AI를 도구로 활용하는 다양한 방식을 소개하며, 창작자 중심의 기술 활용 전략과 교육의 중요성을 강조한다.

《생성형 AI와 엔터테크》는 기술적 배경지식의 유무와 관계없이 AI와 엔터테인먼트 산업의 변화에 관심 있는 다양한 독자층을 포괄적으로 아우르는 책이다. 우선 생성형 AI 기술의 구조적 원리와 콘텐츠 제작에의 적용 방식을 체계적으로 설명해, 인공지능 기술의 실제 활용 사례를 구체적으로 알고자 하는 엔터테크 입문자에게 유익한 자료로 기능한다. 특히 딥러닝(Deep learning), 트랜스포머(Transformer), GAN, 디퓨전 모델(Diffusion models), 멀티모달 AI(Multimodal AI) 등 기술적 개념을 콘텐츠 산업과 연계해 설명함으로써 기술과 산업 간의 융합 지점을 명확히 제시한다.

AI와 엔터테인먼트의 미래를 쉽게 풀어 설명하고, 다양한 사례를 통해 일반 독자와 청소년도 이해할 수 있는 친절한 입문서다. 과도한 기술 전문 지식 없이도 최신 산업 트렌드를 이해할 수 있도록 균형 있게 구성되어 있다.

따라서 이 책은 생성형 AI와 콘텐츠 산업의 미래를 조망하려는 모든 독자에게 폭넓은 통찰을 제공하는 전략서라 할 수 있다.

01
생성형 AI와 엔터테크

생성형 AI는 딥러닝, 트랜스포머, GAN, 디퓨전 모델, 멀티모달 AI 등 다양한 기술을 바탕으로 콘텐츠 산업 전반에 혁신을 가져오고 있다. 텍스트, 이미지, 음악, 영상 등 창작 과정을 자동화하고, 편집과 유통의 효율성을 높이며 개인화된 소비 경험을 제공한다. AI는 창작의 동반자로서 새로운 비즈니스 모델과 몰입형 콘텐츠 환경을 구축하며, 엔터테크 진화를 이끄는 핵심 동력으로 작용하고 있다.

AI와 1인 창업?

생성형 AI의 주요 모델

생성형 AI는 콘텐츠 제작과 유통을 전환하며, 엔터테인먼트 산업에 큰 영향을 미친다. 주요 모델로는 딥러닝(Deep learning), 트랜스포머(Transformer), GAN(Generative Adversarial Networks), 디퓨전 모델(Diffusion models), 멀티모달 AI(Multimodal AI)가 있다.

딥러닝은 대규모 데이터에서 패턴을 학습하여 예측하거나 콘텐츠를 생성하는 기술로, 특히 자연어 처리(NLP, Natural Language Processing) 분야에서 중요한 역할을 한다. 이 기술은 신경망(Neural networks)을 기반으로 하며, 데이터 분석 및 예측에서 뛰어난 성능을 발휘한다.

예를 들어, 넷플릭스(Netflix)는 딥러닝을 활용하여 사용자의 시청 패턴을 분석하고, 맞춤형 콘텐츠 추천 시스템을 제공함으로써 사용자 경험을 개선하고 있다. 텍스트 생성과 분석에서 뛰어난 성능을 발휘해 영화 대본 작성이나 뉴스 기사 자동 생성을 가능케 한다.

트랜스포머 모델은 자연어 처리 및 콘텐츠 생성에서 중요한 역할을 하는 최신 AI 기술이다. 대표적인 트랜스포머 모델로는 GPT(Generative Pre-trained Transformer), 버트(BERT, Bidirectional Encoder Representations from Transformers), T5(text-to-text transfer transformer)가 있다.

GPT-3는 대화형 AI, 자동 텍스트 작성, 영화 대본 작성 등에 사용된다. 오픈AI(OpenAI)의 GPT-3는 대화형 AI로, 사람처럼 자연스러운 대화를 할 수 있어 고객 서비스, 영화 대본 작성, 콘텐츠 생성 등 다양한 분야에 활용되고 있다. 버트는 검색엔진 최적화와 사용자 맞춤형 콘텐츠 추천에 사용되며, 구글의 검색 알고리즘에서 중요한 역할을 한다.

GAN(생성적 적대 신경망)은 두 개의 신경망이 경쟁하면서 더 사실적이고 창의적인 콘텐츠를 생성하는 기술이다. 하나의 신경망이 콘텐츠를 생성하고, 다른 신경망은 그것이 진짜인지 가짜인지를 구별한다. 이 경쟁 과정에서 콘텐츠는 점점 더 사실적이고 창의적으로 발전한다.

예를 들어, 디즈니(Disney)는 GAN 기술을 활용해 애니메이션 캐릭터나 고해상도 이미지를 만들고, 영화의 시각적 완성도를 높이기 위한 연구를 하고 있다. 픽사(Pixar)도 GAN을 이용해 캐릭터의 얼굴 표정을 더 생생하고 자연스럽게 표현하려는 시도를 하고 있다.

디퓨전 모델은 이미지나 예술 작품을 생성하는 데 사용된다. 예를 들어, 달리(DALL · E) 3은 텍스트 설명을 기반으로 이미지를 생성하는 데 뛰어난 성능을 보인다. 달리 3은 '코끼리가 자전거를 타는 이미지'와 같은 텍스트를 기반으로 매우 사실적이고 독특한 이미지를 생성하며, 이를 광고나 예술 분야에서 활용할 수 있다.

멀티모달 AI는 텍스트, 이미지, 비디오, 오디오 등 여러 형태의 데이터를 동시에 처리하고 생성할 수 있는 기술이다. 예를 들어, 구글 딥마인드(Google DeepMind)가 개발한 제미나이(Gemini AI)는 멀티모달 AI를 사용하여 텍스트에서 이미지를 생성하거나 이미지를 통해 텍스트 설명을 추출하는 시스템을 개발했다. 사용자가 '노을 지는 바다의 이미지'라고 입력하면, AI는 이를 기반으로 시각적으로 풍부한 이미지를 생성할 수 있다. 이러한 기술은 영화 제작, 교육 콘텐츠, 광고 등 다양한 분야에서 활용될 수 있다.

AI와 엔터테크

AI는 엔터테인먼트 산업의 콘텐츠 제작, 유통, 소비 전 과정에서 중요한 역할을 하며, 다양한 분야에서 중대한 변화를 주도하고 있다. 콘텐츠 제작에서 AI는 창작, 편집, 특수 효과 작업을 자동화하여 효율성을 극대화한다.

마블(Marvel Studios)은 AI를 활용하여 영화 후반 작업에서 비주얼 이펙트를 자동으로 생성하고, CGI (Computer Generated Imagery) 작업을 더 빠르게 진행하고 있다. 또 디즈니는 AI를 사용하여 캐릭터 디자인 및 애니메이션 제작 과정에서 효율성을 높이고 있다.

유통 과정에서는 AI가 개인화된 콘텐츠 추천 시스템을 통해 소비자 경험을 개선한다. 넷플릭스와 유튜브(YouTube)는 AI 기반 알고리즘을 활용해 사용자의 취향을 분석하고, 그에 맞는 콘텐츠를 추천한다. 또한 AI는 맞춤형 광고 제공을 통해 광고 효율성을 높여 광고주와 소비자 모두에게 가치를 제공한다.

스포티파이(Spotify)는 AI를 사용하여 사용자 맞춤형 음악 추천 리스트를 제공하고 있으며, 이를 통해 사용자 경험을 개인화하고 있다.

소비 단계에서는 AI가 사용자의 시청 이력, 선호도, 행동 패턴을 분석하여 개인화된 콘텐츠를 제공한다. 아마존 프라임 비디오(Amazon Prime Video)는 생성형 AI를 기반으로 시청 중인 내용을 요약하고, 시청 이력을 분석하고, 사용자가 좋아할 만한 영화를 추천하여 더욱 개인화된 소비 경험을 제공한다.

이처럼 생성형 AI의 역할은 엔터테인먼트 산업 전반에 걸쳐 영향력을 확장하고 있으며, 콘텐츠 산업의 패러다임을 변화시키고 새로운 기회를 창출하는 데 중요한 역할을 한다.

엔터테인먼트 분야 생성형 AI 발전

생성형 AI는 엔터테인먼트 산업에서 점차 핵심 기술로 자리 잡고 있으며, 영화, 게임, 음악, 광고 등 다양한 분야에서 강력한 변화를 일으키고 있다. AI는 콘텐츠 창작을 더 사실적이고 창의적인 방식으로 가능하게 하며, 다양한 창작 활동을 자동화해 창작자의 효율성을 높인다.

할리우드에서는 AI가 비주얼 이펙트 및 CGI 작업을 자동화하고, 유비소프트(Ubisoft)와 같은 게임 회사는 AI를 활용해 게임의 캐릭터 행동과 환경을 동적으로 변화해 몰입감을 증대한다. 음악 산업에서는 AI가 작곡과 음성 합성에 활용되어 새로운 스타일의 음악을 실험할 수 있도록 돕는다.

미래에는 AI와 인간의 협업이 더욱 강화될 것이다. AI는 단순한 도구에서 벗어나 창작자의 동반자가 되어 대본 작성, 음악 작곡, 게임 시나리오 개발 등에서 창작 아이디어를 보완하고, 인간 창작자가 상상할 수 있는 한계를 확장하는 역할을 하게 된다.

오픈AI(OpenAI)의 챗GPT(ChatGPT)와 달리는 대본

작성, 이미지 생성 등 창작 과정에서 AI와 인간을 협업할 수 있게 하고 있다. 이는 더 창의적이고 다양한 방식으로 콘텐츠 제작을 가능하게 하며, 새로운 형태의 콘텐츠 소비 방식을 만들어 갈 것이다. AI는 영화, 게임, 음악, 광고 등 산업 전반에 걸쳐 핵심 역할을 하며, 콘텐츠의 생산성을 높이고 맞춤형 경험을 제공하며 소비자의 요구를 정확하게 반영한다. 향후 AI는 엔터테인먼트 산업의 중심 기술로 자리 잡으며, 다양한 분야에서 혁신을 주도할 것이다.

AI 기반의 편집 도구 역시 주목받고 있다. 어도비(Adobe)는 이러한 기술을 선도하는 기업 중 하나로, 2023년 5월 발표한 파이어플라이(Firefly)는 텍스트 프롬프트를 기반으로 이미지의 항목을 추가하거나 제거하고 크기를 조정할 수 있는 기능을 제공한다. 이는 이미지 편집의 효율성과 직관성을 크게 향상하는 기술이다. 더불어 어도비의 프리미어 프로(Premiere Pro)는 AI 기반 영상 편집 기능을 탑재하고 있으며, 텍스트 스크립트를 자동으로 추출하고 이를 기반으로 장면을 분할하거나 재구성할 수 있게 해 반복적인 편집 작업을 줄이고 편집자가 창의적인 작업에 집중할 수 있도록 지원한다.

에이아이파크(AI PARK)는 비디오 AI 기술을 기반으로 뉴스 영상 자동 생성 서비스를 개발했다. 사용자가 텍스트로 뉴스를 입력하면, 약 5분 이내에 가상의 아나운서가 해당 뉴스를 읽는 형태의 영상이 생성된다. 이 기술은 방송 장비 없이도 영상 송출이 가능하며, 뉴스 템플릿을 활용해 언론사들이 쉽게 도입할 수 있는 장점을 갖추고 있다.

이처럼 생성형 AI 기반 기술은 콘텐츠의 제작, 편집, 유통, 소비 방식에 이르기까지 전 방위적인 혁신을 이끌고 있다. 기술은 단순한 보조 도구의 역할을 넘어, 창작의 주체이자 유통의 중심으로 떠오르고 있으며, 이를 통해 기업들은 더욱 빠르고 창의적인 콘텐츠 생산과 유통을 할 수 있는 새로운 환경을 조성하고 있다. 나아가 이러한 기술 기반 서비스는 새로운 비즈니스 모델을 제시하며, 글로벌 콘텐츠 산업의 경쟁력을 재편하는 핵심 동력으로 작용하고 있다.

참고문헌

김경달 외(2023). 『디지털 미디어 인사이트 2024: AI 시대의 생존 전략, 미디어 패러다임을 바꿔라!』. 이은북.

김경달 외(2024). 『디지털 미디어 인사이트 2025: AI 에이전트가 온다』. 이은북.

민지영 외(2024). 『AI 영상 제작: 속지 않을 자신 있나요? 숏폼부터 딥페이크까지』. 길벗.
박상용 · 황서이(2024). 『가상과 현실의 융합, 버추얼×문화콘텐츠』. 북코리아.
박평종 외(2024). 『인공지능 사회문화학』. 태학사.
유건식 외(2023). 『OTT 트렌드 2024: AI 시대를 맞는 OTT의 전략』. 형설eLife.
유건식 외(2024). 『OTT 트렌드 2025: 성숙기에 접어든 OTT시장의 선택과 전망』. 형설eLife.
한정훈(2023). 『AI 시대, 엔터테인먼트의 미래』. 페가수스.
황서이(2024). 『AI와 엔터테인먼트』. 커뮤니케이션북스.
Kaplan. J.(2024). *Generative Artificial Intelligence:* What Everyone Needs to Know. Oxford University Press. 정미진 옮김(2024). 『생성형 AI는 어떤 미래를 만드는가』. 한스미디어.

02
생성형 AI 스트리밍과 추천 알고리즘

AI는 스트리밍 플랫폼에서 콘텐츠 추천과 소비 방식을 혁신하고 있다. 딥러닝, 협업 필터링, 강화 학습 기반의 알고리즘은 개인화된 추천을 가능하게 하며,
넷플릭스 · 스포티파이 · 유튜브 등에서 활용된다. 생성형 AI는 영상 요약, 자동 하이라이트, 맞춤형 콘텐츠 생성 등에도 활용되어 사용자 경험을 개선한다. FAST 모델에서도 AI 큐레이션과 광고 타기팅 기술이 결합하여 수익성과 개인화를 동시에 실현하고 있다.

AI와 MBTI?

AI 기반 콘텐츠 추천 시스템

AI는 스트리밍 플랫폼에서 콘텐츠 추천 시스템을 개선하는 중요한 역할을 한다. 이 시스템은 사용자가 선호할 만한 콘텐츠를 자동으로 추천하여 사용자 경험을 향상하고 더 많은 콘텐츠 소비를 유도한다. AI는 딥러닝 기술을 활용하여 사용자의 행동 패턴, 선호도, 시청 이력을 분석하고, 이를 바탕으로 개인화된 콘텐츠를 제공한다. 추천 알고리즘은 크게 협업 필터링, 콘텐츠 기반 추천, 강화 학습으로 나눌 수 있다.

협업 필터링(collaborative filtering)은 사용자가 과거에 평가한 콘텐츠를 기반으로, 유사한 성향을 보인 다른 사용자가 추천한 콘텐츠를 제공하는 방식이다. 사용자가 특정 영화를 좋아했다면, 그 영화를 좋아한 다른 사용자가 추천한 콘텐츠를 추천한다. 이 방식은 주로 사용자들 간의 유사성을 바탕으로 추천이 이루어진다.

반면, 콘텐츠 기반 추천(content-based recommendation)은 콘텐츠의 특성이라 할 수 있는 장르, 출연 배우, 감독 등을 분석하여 유사한 콘텐츠를 추천하는 방식이다. 사용자가 액션 영화를 자주 시청했다면, 비슷한 액션 영화를 추천한다. 이는 콘텐츠의 특성을 바탕으로 사용자가 좋아할 가능성이 있는 콘텐츠를 추천하는 방식이다.

또한, 강화 학습(reinforcement learning)은 실시간으로 사용자의 피드백을 받아 추천 시스템을 최적화하는 방식이다. 사용자가 콘텐츠를 시청하면, 그 반응을 피드백으로 받아 향후 더 적합한 콘텐츠를 추천할 수 있다. 이 방식은 시스템이 지속해서 학습하며 점점 더 정교한 추천을 제공할 수 있게 한다.

이와 같은 방식으로, 넷플릭스(Netflix), 스포티파이(Spotify), 유튜브(YouTube) 등 주요 스트리밍 플랫폼은 AI 기반 추천 시스템을 통해 사용자 맞춤형 콘텐츠를 제공하고 있다.

넷플릭스는 협업 필터링과 콘텐츠 기반 추천을 결합하여 사용자 맞춤형 콘텐츠를 제공한다. 사용자 행동 데이터를 수집하고 분석하여 각 사용자의 취향을 파악하고 그에 맞는 영화와 TV 프로그램을 추천한다. 또 강화 학습을 적용하여 실시간으로 추천 결과를 최적화하며, '당신이 좋아할 만한 영화'를 추천하는 시스템은 시청자의 이전 선택을 바탕으로 영화 리스트를 개인화한다.

한편 스포티파이는 딥러닝을 활용하여 개인 맞춤형 음악 추천 시스템을 제공한다. '디스커버 위클리(Discover Weekly)'는 매주 사용자의 취향에 맞춘 새로운 음악을 추천한다. 이를 통해 스포티파이는 사용자의 음악 취향을 학습하고, 개인화된 추천을 제공하여 사용자 경험을 향상한다.

유튜브는 강화 학습과 협업 필터링을 기반으로 사용자가 좋아할 만한 동영상을 추천한다. 사용자가 시청한 영상과 유사한 콘텐츠를 추천하거나, 선호할 만한 채널을 자동으로 추천한다. 이 과정에서 실시간 피드백을 수집하여 추천 시스템을 더욱 정확하게 조정하며, 점점 더 개인화된 콘텐츠를 제공하여 사용자 참여를 유도한다.

이처럼 추천 알고리즘은 사용자의 취향을 이해하고 콘텐츠 선택을 돕는 데 집중하고 있다. 그러나 최근에는 AI가 콘텐츠 자체를 만드는 단계로 진화하면서, 추천 이상의 역할을 하고 있다.

AI가 바꾸는 음악 스트리밍과 추천 시스템

AI는 음악 스트리밍 서비스에서 사용자 맞춤형 경험을 제공하는 데 중요한 역할을 한다. AI 기반 추천 시스템은 사용자의 과거 음악 청취 기록과 선호도를 분석하여, 그에 맞는 새로운 음악을 추천한다.

스포티파이와 애플뮤직(Apple Music)은 AI 알고리즘을 사용하여 개인화된 음악 추천 리스트를 제공하며, 사용자가 선호하는 스타일과 장르에 맞춘 음악을 추천한다. 이러한 기술은 개인 맞춤형 음악 경험을 제공하고, 더 많은 사용자 참여를 유도하며, 음악 시장에서의 소비 패턴을 변화시키는 중요한 역할을 한다.

AI는 음악 창작에서부터 퍼포먼스, 스트리밍, 추천 시스템까지 음악 산업의 모든 부문에 혁신을 가져오고 있으며, 가상 아티스트와 AI 기반의 음악 생산은 새로운 음악 소비 문화를 창출하고 있다. AI 기반 추천 시스템은 사용자가 선호하는 음악을 더욱 정교하게 제공함으로써, 사용자가 더 많은 음악을 발견하고 즐길 수 있도록 돕는다. 이러한 기술은 더 많은 음악 창작자가 AI의 도움을 받아 창작 활동을 할 기회를 제공하며, 음악의 다양한 형태와 스타일을 확장한다.

AI는 음악 산업에 중요한 변화를 가져왔으며, 음악 스트리밍 서비스의 발전을 통해 새로운 형태의 음악 소비 방식을 가능하게 하고 있다. AI는 창작과 추천, 음악 소비의 방식까지 모든 측면에서 혁신을 이끌고 있다.

생성형 AI와 스트리밍 서비스

생성형 AI는 스트리밍 서비스에서 콘텐츠 제작과 소비 방식을 혁신적으로 변화시키고 있다. AI 기술을 활용해 콘텐츠를 자동으로 생성하거나 사용자의 선호도를 반영하여 맞춤형 콘텐츠를 제작하는 방식이 점차 확산하고 있다. 이러한 변화는 콘텐츠 제작의 효율성을 높이고, 사용자 경험을 더욱 개인화한 형태로 제공하는 데 기여하고 있다.

드림플레어 AI(DreamFlare AI)는 AI 기반 자동 콘텐츠 생성 시스템을 통해 영상 콘텐츠를 자동으로 생성하거나 기존 콘텐츠에서 중요한 부분을 추출하여 새로운 콘텐츠를 만들어 낸다. 드림플레어 AI는 특정 주제에 대한 콘텐츠를 생성하거나, 기존 콘텐츠에서 하이라이트를 자동으로 편집하여 새로운 영상을 만든다. 이러한 시스템은 빠르고 효율적인 콘텐츠 제작을 가능하게 하여, 스트리밍 서비스의 콘텐츠 다양성을 증가시킨다. 이를 통해 사용자에게 보다 맞춤형 콘텐츠를 제공할 수 있으며, 콘텐츠 제작 시간이 단축된다.

AI 기반 영상 요약 및 자동 하이라이트 생성 기술은 스포츠 방송이나 긴 영화를 요약하여 중요한 장면을 하이라이트로 제공하는 데 활용된다. 예를 들어, IBM 왓슨 미디어(Watson Media)는 스포츠 이벤트에서 실시간으로 하이라이트를 생성하고, 사용자가 원하는 순간을 빠르게 시청할 수 있도록 돕는다. 이 시스템은 스포츠 팬들이 중요한 순간만을 빠르게 즐길 수 있게 해 주며, 긴 영화를 보다 효율적으로 소비할 수 있도록 도와준다. 예를 들어, 축구 경기나 농구 경기의 하이라이트를 단 몇 분 안에 감상할 수 있다. 이 기술은 뉴스 콘텐츠에서 핵심 정보를 빠르게 전달하는 데 유용하게 사용된다. CNN은 AI 기반 자동 요약 시스템을 활용하여, 실시간으로 뉴스 헤드라인과 중요한 정보를 요약해 제공한다. 이를 통해 시청자는 빠르게 핵심 내용을 파악할 수 있으며, 콘텐츠 소비 시간이 효율적으로 절약된다.

AI는 긴 콘텐츠를 간결하게 만들어 주며, 사용자가 원하는 정보를 더욱 직관적으로 제공할 수 있다. 이 기술은 스포츠 중계뿐 아니라 뉴스나 영화 콘텐츠에도 적용되어, 실시간으로 중요한 장면을 추출하고 요약하는 기능을 제공해 사용자 맞춤형 콘텐츠 소비를 가능하게 한다.

FAST와 AI 큐레이션의 확산

FAST(Free Ad-supported Streaming TV)는 광고를 통해 수익을 창출하는 무료 스트리밍 서비스 모델로 최근 급속히 성장하고 있다. 이 모델은 사용자가 콘텐츠를 무료로 이용하면서도 광고를 통해 수익을 올릴 수 있게 한다.

FAST 서비스는 AI 큐레이션을 활용하여 사용자가 선호할 만한 콘텐츠를 효율적으로 추천하고, 광고 또한 개인화하여 사용자 경험을 더욱 정교하게 만든다. 그 결과, FAST 모델은 광고를 제공하면서도 사용자 맞춤형 콘텐츠를 제공하여 사용자 만족도를 높이며, 광고주에게는 더 높은 효율성을 보장하는 효과를 가져온다.

투비(Tubi TV)와 같은 FAST 플랫폼에서는 AI를 활용해 사용자의 시청 패턴을 분석하고, 그에 맞는 영화를 추천하는 동시에 관련성 높은 광고를 사용자에게 제공하고 있다. AI 기반 큐레이션 시스템은 각 사용자에게 맞춤형 콘텐츠를 추천할 뿐만 아니라, 광고주에게는 광고 타기팅을 더욱 정교하게 할 기회를 제공하는 데 중요한 역할을 한다. 이를 통해 스트리밍 플랫폼과 광고주 간 상호작용이 원활해지고, 플랫폼 자체의 수익성도 증대된다.

또한 AI 기반 광고 타기팅은 광고의 효율성을 극대화하는 데 이바지한다. 투비는 AI 기반 알고리즘을 활용하여 광고를 사용자의 취향에 맞게 타기팅하고, 그에 맞는 영화를 추천하는 동시에 관련된 광고를 함께 제공하여 광고 효율성을 높인다. 이와 같은 시스템을 통해 사용자는 더욱 관련성 높은 콘텐츠와 광고를 경험하게 되며, 광고주는 자신의 메시지를 정확히 타기팅할 수 있다. 이러한 AI 기술은 스트리밍 플랫폼과 광고주 모두에게 혜택을 주며, 전체적인 콘텐츠 소비 환경의 질을 향상하는 데 도움을 줄 수 있다.

FAST 모델의 확산은 스트리밍 산업에서 광고 수익의 중요성을 더욱 강조하고 있으며, AI 큐레이션 기술은 광고주에게 맞춤형 메시지를 제공하고, 사용자에게는 더욱 개인화된 콘텐츠를 제공하여, 전체적으로 효율적인 비즈니스 모델을 만들어 가고 있다.

참고문헌

김경달 외(2023). 『디지털 미디어 인사이트 2024: AI 시대의 생존 전략, 미디어 패러다임을 바꿔라!』. 이은북.

박상용·황서이(2024). 『가상과 현실의 융합, 버추얼×문화콘텐츠』. 북코리아.

한정훈(2023). 『AI 시대, 엔터테인먼트의 미래』. 페가수스.

황서이(2024). 『AI와 엔터테인먼트』. 커뮤니케이션북스.

황서이(2025.4.18). "K-pop 라이브 스트리밍 공연의 체험요인이 공연만족과 지속이용의도에 미치는 영향 분석". 한국방송학회 학술대회 논문집, 60~61쪽.

03
생성형 AI 기반 방송·영상 제작

생성형 AI는 방송 · 영상 제작의 효율성과 창의성을 동시에 높이며 산업의 핵심 기술로 부상하고 있다. 텍스트 기반 비디오 생성, 영상 복원, 자동 편집, 음성 합성 등 다양한 기술이 창작 과정을 자동화하고 있다. 런웨이, 드라마트론, 리스피처, 소난틱 등 다양한 도구는 각본 작성, 캐릭터 디자인, 음성 재현 등 전 영역에서 혁신을 이끌며 저비용 · 고품질 콘텐츠 생산을 가능케 한다.

AI와 난임 극복?

생성형 AI 기반 비디오 생성 기술

AI는 텍스트 기반으로 영상을 자동 생성하는 기술(T2V, Text-to-Video)을 통해 영상 제작의 효율성을 크게 향상한다. 런웨이(Runway ML), 피카랩스(Pika Labs), 소라(Sora) 등과 같은 플랫폼은 자연어 처리(NLP, Natural Language Processing) 기술을 기반으로, 사용자가 제공한 텍스트를 바탕으로 고품질의 영상을 생성할 수 있다.

사용자가 "해변에서 일몰을 배경으로 한 고요한 장면"이라고 입력하면, AI는 이를 바탕으로 관련된 영상 콘텐츠를 자동으로 생성한다. 이 과정에서 딥러닝(Deep learning)과 트랜스포머(Transformer) 모델이 사용되어, 대규모 데이터에서 텍스트와 시각적 데이터를 학습하고, 텍스트를 이미지나 영상으로 변환하는 방식이 적용된다.

또한 GAN(Generative Adversarial Networks) 기술이 활용되어, 생성된 영상의 품질을 개선하고 더욱 사실적인 비주얼을 만들어 낸다. GAN은 두 개의 신경망, 즉 콘텐츠를 생성하는 생성자(generator)와 생성된 콘텐츠가 진짜인지 가짜인지 판별하는 구별자(discriminator)가 경쟁을 벌여 더 정교하고 사실적인 영상을 만들어 낸다. 이 AI 기반 비디오 생성 기술은 콘텐츠 제작에 걸리는 시간과 비용을 절감할 뿐만 아니라, 창작의 범위를 확장하는 데 이바지한다. 예를 들어, 전통적인 영상 제작에서는 스토리보드 작성, 촬영, 편집 등의 과정이 필요하지만, AI를 사용하면 텍스트 입력만으로도 바로 영상을 제작할 수 있다.

이러한 기술 덕분에 콘텐츠 제작자들은 복잡한 그래픽 작업 없이 짧은 시간 안에 비주얼 콘텐츠를 제작할 수 있게 되며, 더 많은 창작자가 쉽게 창작할 수 있는 환경이 제공된다. AI는 영상 제작 과정에서 창작의 효율성을 극대화하고, 비용을 대폭 절감하는 동시에 콘텐츠 다양성을 확장하는 데 중요한 역할을 한다.

AI 기반 영상 복원 및 자동 편집 기술

AI는 영상 복원 및 업스케일링(Up-scaling)에서 중요한 역할을 한다. 딥페이크(DeepFake)와 토파즈 비디오(Topaz Video AI)는 GAN과 딥러닝을 활용하여 저화질 영상을 고해상도로 복원하거나, 얼굴 및 음성을 합성하는 기술을 제공한다. GAN은 두 신경망, 하나는 이미지를 생성하고 다른 하나는 그것이 진짜인지 가짜인지 판단하는 방식으로 서로 경쟁하면서, 이미지나 비디오의 품질을 크게 향상한다.

토파즈 비디오 AI는 저해상도의 비디오를 입력받아 이를 고해상도로 업스케일링하며, 딥페이크는 주로 사람의 얼굴을 교체하거나 합성한다. 가짜 영상을 만들 수도 있지만, 영상 복원에도 활용할 수 있다. 이와 같은 기술들은 과거의 저화질 영상을 현대적인 고해상도로 변환하여, 예술 및 영화 산업에서 복원 작업을 훨씬 더 정밀하고 빠르게 만들어 준다.

게다가 AI 기반 영상 요약 및 자동 하이라이트 생성 기술은 자연어 처리와 컴퓨터 비전(computer vision)을 사용하여 스포츠 방송과 긴 영화를 요약하거나 중요한 장면을 추출하는 데 활용된다. 이 기술은 주로 시맨틱 분석(Semantic analysis)을 통해 영상에서 중요한 장면을 자동으로 식별하고, 이를 요약하거나 하이라이트 영상으로 변환한다.

IBM 왓슨 미디어(Watson Media)는 실시간으로 스포츠 이벤트의 하이라이트를 생성하고, 사용자가 원하는 순간을 빠르게 시청할 수 있도록 돕는다. CNN은 뉴스 콘텐츠에서 중요한 정보를 자동으로 추출하여 빠르게 요약하는 시스템을 운영하며, 이 과정은 자연어 처리와 시각적 인식을 결합하여 실시간으로 자동화한 데이터 처리 및 분석으로 이루어진다.

이러한 기술은 콘텐츠 소비의 효율성을 높이며, 실시간 이벤트와 긴 영화를 빠르고 쉽게 처리하는 데 큰 도움이 된다.

방송·영상 분야 생성형 AI와 엔터테크

영상 분야에서 생성형 AI 기반 엔터테크 서비스는 특수효과, 애니메이션 제작, 각본 작성, 텍스트 생성, 2D 및 3D 이미지 모델링 등에서 활용되며, 창작 프로세스를 강화하고 가속하는 데 중요한 역할을 한다. 생성형 AI는 창작자의 효율성을 극대화하고 비용을 절감하는 중요한 도구로 자리 잡고 있으며, 영상 콘텐츠 제작의 효율성을 높이고 창작 과정을 혁신적으로 변화시키고 있다.

각본 작성에서 AI는 스토리 아이디어 구상과 발전을 지원하며, 챗GPT(ChatGPT)와 같은 AI 도구는 시나리오 개발, 마케팅, 특정 작업 지원에 사용된다. 딥마인드(DeepMind)의 드라마트론(Dramatron)은 연극과 영화 각본 작성에 활용되고 있으며, 노블 AI(Novel AI)는 소설 자동 생성 도구로 활용된다. 이러한 AI 기술은 영화, 드라마, 광고 등의 콘텐츠 분야에서 창작 과정의 효율을 높이고 있다.

2D 이미지 생성에서는 달리(DALL · E), 스테이블 디

퓨전(Stable Diffusion), 미드저니(Midjourney)와 같은 도구가 게임 배경, 캐릭터 디자인, 웹 소설 표지 등 제작에 활용되고 있다. AI는 텍스트 프롬프트를 기반으로 비디오를 생성할 수 있으며, 메타와 구글 등 대형 기술 기업들이 이 기술의 개발에 참여하고 있다.

3D 이미지 생성 기술 또한 중요한 발전을 이루었다. 엔비디아(NVIDIA)의 고갱(GauGAN)은 2D 이미지를 3D 모델로 변환하거나 사전 시각화 작업에 사용되며, 구글의 드림퓨전(DreamFusion)은 텍스트 기반으로 3D 이미지를 생성할 수 있는 기술을 제공한다. 이는 영화, 게임, 애니메이션 등에서 시각적 효과를 더욱 정밀하게 제어할 수 있게 한다.

비디오 생성 기술은 또한 큰 혁신을 이루었다. 메타의 메이크어신(Make-A-Scene)은 텍스트 및 스케치를 기반으로 실사 이미지를 생성하며, 런웨이의 GEN-2는 텍스트 기반으로 비디오를 생성하는 모델이다. 이러한 기술은 비디오 제작 초기 단계에서 시간과 비용을 절감하는 중요한 도구로 활용된다.

넷플릭스 재팬(Netflix Japan)이 텍스트-이미지 변환 AI를 활용해 단편 애니메이션 〈개와 소년(The Dog and The Boy)〉의 배경 이미지를 제작한 사례가 있다. AI 실험

단편 영화 〈솔트(Salt)〉는 미드저니를 사용해 이미지를 생성하고 애니메이션으로 변환하는 방식으로 제작되었다. 런웨이의 GEN-2는 양쯔충(양자경)의 영화 〈에브리씽 에브리웨어 올 앳 원스(Everything Everywhere All At Once)〉 제작에도 활용되어 제작비 절감과 시간 단축에 기여했다.

음성 생성 기술에서도 AI는 중요한 발전을 이루었다. 리스피처(Respeecher)는 AI와 아카이브 레코딩 기술을 활용하여 고인의 목소리를 복제하는 기술을 제공하고 있으며, 이는 〈스타워즈(Star Wars)〉 시리즈에서 다스베이더(Darth Vader)의 음성을 재현하는 데 사용되었다. 그리고 〈만달로리안(The Mandalorian)〉에서 마크 해밀(Mark Hamill)의 젊은 목소리를 재현한 기술로도 주목받았다.

소난틱(Sonantic)은 발 킬머(Val Kilmer)의 과거 목소리를 재현하여 〈탑건: 매버릭(Top Gun: Maverick)〉에서 대사 연기를 가능하게 했다.

일레븐랩스(ElevenLabs)는 텍스트를 자연스러운 사람의 음성으로 변환하는 기술을 제공하며, 억양까지 복제할 수 있다.

딥더브(Deepdub)는 AI를 활용해 영화나 TV 프로그램을 다국어로 번역하고 더빙하는 기술을 개발했으며, 스페인어로 전체 장편 영화를 더빙한 최초의 회사로 알려져 있다.

신세시아(Synthesia)는 120개 언어로 버추얼 아바타를 생성해 빠른 비디오 콘텐츠 제작을 가능케 하며, 데이비드 베컴(David Beckham)의 말라리아 퇴치 캠페인 영상에서 이 기술이 활용되었다.

플로리스(Flawless)는 딥페이크 스타일의 AI 기술을 사용해 배우의 입 모양, 표정을 자연스럽게 변환하는 기술을 제공하며, 성인 등급 영화를 13세 등급으로 전환하는 데 사용되었다.

원더 다이내믹스(Wonder Dynamics)는 배우들의 기존 영상을 분석해 동작과 특징을 추출하고 이를 바탕으로 새로운 움직이는 캐릭터를 생성하는 기술을 개발했다. 예를 들어, 거리에서 걷는 사람을 괴물이나 로봇으로 변환하여 같은 공간에서 자연스럽게 걷게 만드는 것이 가능하다. 이는 저비용 고품질 영상 콘텐츠 제작에 기여하고 있다.

허드슨 AI(Hudson AI)는 원작 대사 더빙 번역과 음성 합성으로 배우의 목소리를 재현하고, 립 클로닝(lip cloning) 기술로 배우의 입 모양과 일치시키는 기능을 제공한다.

이처럼 생성형 AI는 콘텐츠 제작과 유통의 전반적인 효율성을 극대화하며, 엔터테크 산업의 핵심 기술로 자리매김하고 있다.

참고문헌

김경달 외(2023). 『디지털 미디어 인사이트 2024: AI 시대의 생존 전략, 미디어 패러다임을 바꿔라!』. 이은북.

민지영 외(2024). 『AI 영상 제작: 속지 않을 자신 있나요? 숏폼부터 딥페이크까지』. 길벗.

유건식 외(2023). 『OTT 트렌드 2024: AI 시대를 맞는 OTT의 전략』. 형설eLife.

유건식 외(2024). 『OTT 트렌드 2025: 성숙기에 접어든 OTT시장의 선택과 전망』. 형설eLife.

한정훈(2023). 『AI 시대, 엔터테인먼트의 미래』. 페가수스.

황서이(2024). 『AI와 엔터테인먼트』. 커뮤니케이션북스.

Netflix Japan(2023.1.31). The boy and The dog. Youtube. https://buly.kr/74WV31Z.

Zero Malaria Britain(2019.4.9). How we made David Beckham speak 9 languages. Youtube. https://buly.kr/3CNpTBk.

04
생성형 AI 기반 음악 생성과 가상 아티스트

생성형 AI는 작곡, 음성 합성, 커버송, 가상 아티스트 활동 등 음악 전반에 변화를 주고 있다. 주크박스, 뮤직LM, 수노 AI 등은 자동 작곡을 지원하며, 보코더와 TTS 기술은 음성을 합성해 실제 가수의 목소리도 재현한다. 가상 아티스트는 AI 기반 퍼포먼스를 제공하며 새로운 팬 경험을 만든다. AI는 창작 효율성과 다양성을 높이는 동시에 저작권 등 윤리 문제도 함께 제기하고 있다.

AI와 사주?

생성형 AI 기반 음악 생성

AI 음악 생성 기술은 작곡과 편곡의 자동화뿐만 아니라, 인간의 창작 과정을 지원하거나 때로는 대체하는 혁신적인 방식으로 발전하고 있다. 이 기술들은 음악 산업에서 창작의 효율성을 극대화하고, 새로운 창작 가능성을 열어 주고 있다.

주크박스(Jukebox)는 딥러닝을 사용하여 다양한 장르의 음악을 생성할 수 있는 모델이다. 이 모델은 대규모의 음악 데이터 세트에서 학습한 패턴을 기반으로, 사용자가 제공한 특정 조건에 맞는 음악을 생성한다.

사용자가 원하는 장르나 아티스트의 스타일을 기반으로 음악을 생성할 수 있으며, 가사와 음성까지 포함된 전체적인 곡을 만들어 낸다. 이 과정에서 오토리그레시브(Autoregressive) 모델이 사용되며, 각 단계를 순차로 예측하면서 최종에 고유한 음악을 생성한다.

구글의 뮤직LM(Music Language Model)은 텍스트를 기반으로 음악을 생성하는 기술로, 사용자가 제공하는 텍스트 설명에 맞춰 음악을 만들어 낸다.

사용자가 슬로 템포의 재즈 음악 또는 경쾌한 EDM 스타일의 트랙이라고 입력하면, AI가 그에 맞는 음악을 생성한다. 이 모델은 트랜스포머 아키텍처를 기반으로 하며, 텍스트와 음악의 관계를 학습하여 복잡한 음악적 구조를 창조한다. 이를 통해 창작자들은 텍스트로 음악의 방향을 설정하고, AI는 이를 바탕으로 음악을 자동으로 생성할 수 있게 된다.

수노 AI(Suno AI)는 GAN(Generative Adversarial Networks)을 활용하여 멜로디, 리듬, 하모니를 자동으로 창작한다. GAN은 두 개의 신경망, 하나는 음악을 생성하는 생성자이고, 다른 하나는 생성된 음악이 진짜인지 가짜인지를 판별하는 구별자로 구성되어 경쟁하며 점점 더 사실적인 음악을 만들어 낸다. 수노 AI는 다양한 음악 장르와 스타일에 적용할 수 있어 창작자들이 음악의 특성에 맞는 맞춤형 곡을 손쉽게 생성할 수 있다.

이러한 AI 음악 생성 기술은 대규모 데이터 세트에서 패턴을 학습하고, 음악적 요소들을 모델링하여 새로운 음악을 창출한다.

생성형 AI는 음악 산업에서 시간과 비용을 절감하면서도 창작의 범위를 확장하고 있으며, 창작자들에게 더 많은 창작 옵션을 제공한다. 이를 통해 다양한 스타일의 음악을 빠르게 생성하고, 기존의 창작 과정을 더욱 효율적으로 지원하는 역할을 한다.

음성 합성 및 AI 커버송 트렌드

AI는 음성 합성(voice synthesis) 기술을 통해 음악 및 오디오 콘텐츠 분야에서 큰 혁신을 일으켰다. 보코더(Vocoder)와 TTS(Text-to-Speech) 기술을 활용하면, 인간의 목소리를 모방하거나 완전히 새로운 목소리를 생성할 수 있다.

보코더는 음성의 주파수 성분을 분석하고 이를 변형하여 다양한 음성 스타일을 생성하는 데 사용된다. TTS 기술은 텍스트를 입력받아 그것을 사람의 목소리로 변환하는 기술로, 음성의 감정, 억양, 발음 등을 정밀하게 조절할 수 있다. 이러한 기술 덕분에 가상 아티스트는 실제 아티스트의 목소리를 완벽하게 재현할 수 있으며, 새로운 아티스트가 생성된 음성을 통해 음악 산업에 등장할 수 있다.

AI 커버송은 기존의 유명한 노래를 AI가 변형하거나 재구성하여 새로운 버전을 만들어 내는 것이다. AI는 원본 곡의 스타일을 유지하면서도, 새로운 음성과 스타일을 더해 기존 아티스트의 노래를 새롭게 해석할 수 있다. 이는 특히 음악 팬들 사이에서 인기를 끌며, 기존의 명곡을 다른 아티스트나 가상 아티스트가 부른 듯한 새로운 경험을 제공한다.

예를 들어, 가수 비비의 '밤양갱'을 개그맨 박명수, 오혁, 양희은, 아이유, 장기하, 백예린, 윤하, 잔나비, 악동뮤지션의 이수현 등 유명한 아티스트의 목소리를 AI가 복제하여, 그 가수가 부른 것처럼 새롭게 부를 수 있다. 이러한 방식은 아티스트가 실제로 존재하지 않더라도 그들의 음성과 스타일을 AI가 창조할 가능성을 보여 준다.

또한 AI는 음성 합성을 활용하여 특정 스타일이나 음성을 요구하는 음악 시장에서 더 많은 창작 옵션을 제공한다. AI는 특정 시대의 음악 스타일이나 아티스트의 목소리를 정확히 재현할 수 있어, 새로운 창작물을 빠르게 생성할 수 있다.

AI 커버송은 팬들에게 새로운 경험을 선사하며, 아티스트에게는 기존의 곡을 재창조할 기회를 제공한다. 이러한 음성 합성 기술은 음악 제작의 한계를 확장하며, 창작의 범위를 넓히고 음악 산업에 변화를 불러오고 있다.

가상 아티스트와 AI 기반 퍼포먼스

가상 아티스트는 음악 시장에서 물리적인 존재가 아닌 디지털 캐릭터로 활동하는 아티스트를 의미하며, 점차 그 인기가 높아지고 있다. 아포키(Apoki) 등과 같은 AI

기반 가상 아티스트는 팬들과의 실시간 소통과 퍼포먼스를 제공하며, 물리적 존재 없이도 활동을 이어 갈 가능성을 보여 준다. 이들 가상 아티스트는 AI와 가상현실 기술을 활용하여, 팬들에게 혁신적인 경험을 선사하고 있으며, 팬들과의 지속적인 관계를 유지할 수 있다.

가상 아티스트는 AI 기반 실시간 합성 기술을 통해, 무대 위에서 노래를 부르고 춤을 추는 모습을 실시간으로 생성하며, 팬들에게 실제 아티스트처럼 느껴지는 경험을 제공한다. AI 기술은 이들의 목소리와 동작, 감정 표현까지 실시간으로 합성하여, 실제 아티스트와 유사한 수준의 퍼포먼스를 가능하게 한다. 이 과정에서 3D 모델링, AI 렌더링, 그리고 가상현실 기술이 결합하여 팬들은 물리적인 제약 없이 가상 아티스트와 몰입감 있는 공연을 경험할 수 있다.

가상 아티스트는 AI 기술을 이용해 팬들의 실시간 반응을 수집하고, 이를 기반으로 공연을 실시간으로 조정한다. 예를 들어, 팬들이 특정 곡이나 장면에 반응하면, 가상 아티스트의 공연 내용이나 스타일이 실시간으로 변할 수 있다. 이를 통해 팬들은 더욱 동적인 방식으로 아티스트와 상호작용하며, 그 경험은 점점 더 개인화하고 팬들과의 관계는 더욱 깊어진다.

가상 아티스트는 이제 단순한 디지털 캐릭터의 존재를 넘어, 음악 산업에서 창작과 공연의 새로운 패러다임을 제시하고 있다. 그들은 새로운 형태의 콘텐츠 소비를 끌어내며, 물리적 한계를 넘는 새로운 공연 경험을 제공하는 핵심 역할을 하고 있다. AI와 가상현실 기술을 바탕으로 한 가상 아티스트의 등장으로, 음악 산업은 새로운 전환점을 맞이하고 있으며, 이는 팬들과 아티스트, 그리고 산업 전반에 걸쳐 큰 변화를 일으킬 것이다.

음악 분야 생성형 AI와 엔터테크

생성형 AI의 발전은 음악 산업에 혁신적인 변화를 불러오고 있으며, AI 기반 엔터테크 서비스는 오디오 시장에 새로운 기회를 제공하고 있다. AI는 사용자 맞춤형 오디오 콘텐츠를 제공하며, 팟캐스트(Podcast), 음악 제작, 광고 카피 작성 등에서 효율성을 높이고 비용을 절감하는 데 기여하고 있다. 반복적인 작업을 자동화하여 창작자들이 더 창의적인 작업에 집중할 수 있도록 돕는 점에서 매우 중요한 역할을 하고 있다.

2023년 2월, DJ 데이비드 게타(David Guetta)는 라이브 트랙에 에미넴(Eminem)의 딥페이크 음성을 삽입해 화제를 모았고, 2022년 11월에는 홀리 헌든(Holly

Herndon)이 AI로 생성된 자신의 목소리로 돌리 파튼(Dolly Parton)의 'Jolene'을 커버했다. 이러한 사례는 AI 기반 음악 제작의 대중화를 보여 준다.

그러나 AI의 도입은 저작권 문제와 같은 우려도 발생시키고 있다. 예를 들어, 2023년 4월에는 AI로 생성된 음악 트랙 '하트 온 마이 슬리브(Heart on My Sleeve)'가 유명 아티스트들의 목소리를 딥페이크로 재현하여 논란을 일으켰고, 유니버설 뮤직 그룹(Universal Music Group)은 이를 삭제하도록 조치했다. 이 사건은 AI가 음악에서 저작권 침해와 관련된 복잡한 문제를 일으킬 수 있음을 보여 주며, 이에 대한 법적 기준과 윤리적 논의가 필요하다는 점을 시사한다.

음악 창작에서 생성형 AI는 다양한 방식으로 활용되고 있다. AI와 인간 창의성의 공존을 모색하는 것이 중요하며, 생성형 AI는 단순한 창작 도구를 넘어서 창작 과정의 핵심 파트너로 자리 잡고 있다. AI 기술은 음악의 창작뿐만 아니라 접근성을 향상하며, 협업을 통해 더 다양하고 풍부한 콘텐츠를 제공할 가능성을 열어 준다.

참고문헌

김경달 외(2023). 『디지털 미디어 인사이트 2024: AI 시대의 생존 전략, 미디어 패러다임을 바꿔라!』. 이은북.
김경달 외(2024). 『디지털 미디어 인사이트 2025: AI 에이전트가 온다』. 이은북.
박상용·황서이(2024). 『가상과 현실의 융합, 버추얼×문화콘텐츠』. 북코리아.
박평종 외(2024). 『인공지능 사회문화학』. 태학사.
한정훈(2023). 『AI 시대, 엔터테인먼트의 미래』. 페가수스.
황서이(2024). 『AI와 엔터테인먼트』. 커뮤니케이션북스.
황서이 · 기찬(2023). "버추얼 아이돌 특성이 버추얼 아이돌 공연 수용자 태도에 미치는 영향". ≪디지털콘텐츠학회논문지≫, 24(10), 2277~2286쪽.
Kaplan. J.(2024). *Generative Artificial Intelligence:* What Everyone Needs to Know. Oxford University Press. 정미진 옮김(2024).『생성형 AI는 어떤 미래를 만드는가』. 한스미디어.
Lamar, K.(2022.5.9). The Heart Part 5. Youtube. https://buly.kr/9iFrlMz.
Myers, J.(2022). 5 charts that show what people around the world think about AI World Economic Forum. https://buly.kr/7FRG1wT

05
생성형 AI 기반 광고와 마케팅

생성형 AI는 광고와 마케팅 전반에 걸쳐 혁신을 이끌고 있다. 텍스트 · 이미지 · 영상 광고를 자동으로 생성하며, 코카콜라 등은 AI 기반 광고를 실험하고 있다. 또한 AI는 소비자 데이터를 분석해 맞춤형 광고를 실시간 제공하고, 가상 인플루언서를 활용해 브랜드 메시지를 효과적으로 전달한다. 효율성과 창의성, 개인화 경험을 동시에 강화하며 광고 산업의 지형을 바꾸고 있다.

AI와 아이돌?

AI 기반 광고 크리에이티브 생성

AI는 광고 콘텐츠 제작에서 혁신을 일으키고 있으며, 텍스트, 이미지, 영상 등 다양한 형태의 광고를 자동으로 생성할 수 있다. AI 광고 카피 생성 도구는 자연어 처리를 활용하여 매력적인 광고 문구를 작성하고, AI 비디오 편집 도구는 브랜드의 메시지를 효과적으로 전달할 수 있는 영상 광고를 제작한다.

달리(DALL · E), 미드저니(Midjourney), 스테이블 디퓨전(Stable Diffusion) 등과 같은 GAN(Generative Adversarial Networks) 기반 이미지 생성 기술을 활용하여 원하는 스타일의 이미지를 빠르게 생성하고 이를 광고에 활용할 수 있다.

달리는 오픈AI(OpenAI)에서 개발한 이미지 생성 모델로, 사용자가 제공하는 텍스트 설명을 바탕으로 이미지를 생성하는 기술이다. 예를 들어, "비행기를 타고 있는 고양이"라는 텍스트를 입력하면, 달리는 이를 시각적으로 구현한 이미지를 생성한다. 달리는 트랜스포머 아키텍처(Ttransformer architecture)를 사용하여 텍스트와 이미지를 연결하는 방법을 학습하고, 이를 통해 창의적이고 사실적인 이미지를 생성한다. 다양한 스타일과 콘셉트에 맞춘 이미지를 생성할 수 있어 광고 디자인과 예술 창작에 활용된다.

미드저니는 AI 기반 이미지 생성 모델로, 텍스트 프롬프트를 입력받아 예술적이고 창의적인 이미지를 생성하는 기술이다. 강력한 딥러닝(Deep learning) 알고리즘을 통해 사용자가 제공한 텍스트를 시각적인 형태로 변환하며, 특히 예술적이고 실험적인 스타일로 이미지 생성에 강점을 보인다. 미드저니는 창의적인 이미지 제작을 위해 다양한 스타일을 적용할 수 있어 광고 캠페인에서 독특한 시각적 이미지를 만들어 내는 데 적합하다.

스테이블 디퓨전은 고해상도의 이미지를 빠르고 효율적으로 생성하는 AI 모델이다. 이 모델은 딥러닝을 활용한 이미지 생성 기술로, 주어진 텍스트를 바탕으로 다양한 스타일과 주제의 이미지를 생성할 수 있다. 스테이블 디퓨전은 특히 디지털 아트, 광고 디자인, 게임 아트 등에서 많이 사용된다. 또한 이 모델은 고해상도의 세밀한 이미지 생성에 강점을 가지며, 주어진 텍스트 설명에 따라 매우 구체적이고 섬세한 이미지를 제작할 수 있다.

생성형 AI를 활용한 광고의 실제 사례는 코카콜라(Coca-Cola), H&M, 나이키(Nike) 등이 있다.

코카콜라는 2024년 크리스마스 시즌에 생성형 AI를 활용해 전통적인 광고인 '홀리데이즈 아 커밍(Holidays

Are Coming)'을 새롭게 재해석한 광고를 공개했다. '리얼 매직 AI(Real Magic AI)' 플랫폼을 기반으로 AI 스튜디오들과 협력하여 제작된 이 광고는, 15초가량의 짧은 분량으로 눈 덮인 마을과 코카콜라 트럭, 그리고 산타클로스의 손이 코카콜라 병을 건네는 장면 등으로 구성되어 있다. 코카콜라는 이 광고를 통해 빠른 제작 속도와 비용 효율성, 지역 맞춤형 콘텐츠 구현이라는 장점을 강조했지만, 시청자들 사이에서는 비현실적인 그래픽, 감성의 부족, 산타의 전체 모습이 등장하지 않는 점 등에 대한 비판도 제기되었다. 이에 대해 코카콜라는 인간과 AI의 협업을 통한 창의적 실험의 일환이라며, 새로운 광고 제작 방식의 가능성을 제시하고자 했다고 밝혔다. 이 사례는 생성형 AI가 광고 산업에서 어떻게 실제로 활용되고 있으며, 전통적인 크리에이티브 작업과의 조화를 어떻게 모색할 것인가 하는 논의를 제기했다.

H&M은 2025년 마케팅 전략의 일환으로 30명의 실제 모델을 기반으로 한 '디지털 트윈(Digital Twins)'을 도입하고 있다. 이 디지털 트윈은 다양한 각도와 조명에서 촬영된 모델의 이미지를 AI 알고리즘에 학습시켜 생성되며, 소셜 미디어와 광고 캠페인에 활용될 예정이다. 또한 고객의 요구사항에 맞는 스타일과 분위기를 생성하

기 위해 AI 모델을 사용하여 최신 유행에 맞는 옷의 광고 이미지를 빠르게 제작하고 있다.

나이키와 트래비스 스콧(Travis Scott)이 협업한 에어 조던1 광고는 생성형 AI와 인간의 창의성이 결합한 사례로 주목받고 있다. 이 광고는 감독 깁슨 해저드(Gibson Hazard)의 연출 아래, 크리에이티브 디렉터 자크 바논(Jak Bannon)이 미드저니를 활용해 5000개 이상의 이미지를 생성하며 시각적 콘셉트를 개발했다. AI는 스토리보드 구상 등 아이디어 확장에 활용되었고, 최종 영상은 인간의 손을 거쳐 완성되었다. 이는 AI를 창작 도구로 삼아 인간의 감성과 창의력을 강화한 광고 제작 방식의 새로운 가능성을 보여 준다.

이러한 AI 기술은 광고 제작 비용과 시간을 절감하면서도 창의적이고 맞춤화된 광고를 대규모로 제공할 수 있다. AI를 활용한 광고 콘텐츠 제작은 창의적인 아이디어와 빠른 제작 속도를 동시에 가능하게 하며, 광고 캠페인의 효율성을 높이고 있다.

맞춤형 광고 타기팅과 AI 마케팅 캠페인

AI는 소비자 데이터를 분석하여 맞춤형 광고를 타기팅하는 데 중요한 역할을 한다. 소비자 행동을 분석하고,

이 데이터를 기반으로 광고의 효율성을 극대화하는 전략을 수행한다. AI 마케팅 캠페인은 사용자 선호도, 구매 이력, 웹사이트 활동 등을 분석하여 가장 적합한 광고 메시지를 실시간으로 전달한다.

AI는 소비자가 특정 상품을 검색했거나 장바구니에 담은 상품을 분석하여 해당 상품에 관련된 맞춤형 광고를 실시간으로 제공한다. 또한 AI는 다양한 소비자 세그먼트를 추출하여 개별적인 타기팅을 지원하고, 이를 통해 광고의 관련성과 효율성을 높인다.

아마존(Amazon)은 AI를 활용한 맞춤형 광고 타기팅 시스템을 통해, 고객이 이전에 구매하거나 검색한 제품에 관련된 광고를 실시간으로 제공한다. AI는 고객의 행동을 분석하고, 고객에게 가장 관련 있는 상품을 추천하여 구매 가능성을 높인다.

페이스북(Facebook)은 강화 학습을 활용하여 실시간 광고 배치 시스템을 최적화한다. 페이스북의 AI 시스템은 사용자의 행동 패턴을 분석하고, 광고가 가장 효과적으로 소비자에게 노출될 수 있는 시간을 자동으로 계산하여 광고 성과를 최적화한다.

강화 학습 기반의 실시간 광고 배치 시스템은 광고가 가장 효과적으로 소비자에게 노출될 수 있는 시점과 장소를 자동으로 결정하여 광고 성과를 최적화한다. 예를 들어, 광고는 사용자가 가장 활발하게 온라인 활동을 하는 시간대나 웹사이트 방문 시점에 자동으로 노출된다. 이를 통해 광고주가 설정한 목표를 달성할 수 있도록 돕는다.

AI 기반 맞춤형 광고 타기팅과 강화 학습 기반의 실시간 광고 배치 시스템은 광고주가 소비자와의 상호작용을 극대화하고, 더 개인화한 경험을 제공하게 돕는다. 이러한 기술들은 광고의 정확성과 효율성을 크게 향상하며, 광고 성과를 지속해서 개선하는 데 이바지한다.

AI 기반 인플루언서 마케팅

AI는 인플루언서 마케팅의 방식을 혁신하고 있다. AI 기반 인플루언서 마케팅은 인공지능을 활용하여 브랜드와 맞춤형 인플루언서를 연결하고, 캠페인 성과를 실시간으로 분석하는 데 도움을 준다. AI는 소비자의 데이터를 분석하여 브랜드의 타깃 고객층에 맞는 인플루언서를 자동으로 추천하고, 이들의 콘텐츠와 상호작용을 최적화하여 마케팅 효과를 극대화한다.

AI는 버추얼 인플루언서를 창조하여, 이들이 광고 캠페인에 참여하고 브랜드를 홍보할 수 있게 한다. 가상 인플루언서는 물리적 제약 없이 24시간 활동할 수 있어 브랜드와 소비자 간의 상호작용을 확장하는 데 기여한다.

릴 미켈라(Lil Miquela)는 유명한 가상 인플루언서로, AI 기술을 기반으로 창조된 디지털 캐릭터다. 릴 미켈라는 패션 브랜드와 협력하여 광고 캠페인을 하며, 소셜 미디어에서 활동을 이어 가고 있다. 이 가상 인플루언서는 실제 사람처럼 팔로어들과 소통하고, 브랜드 메시지를 효과적으로 전달하며 마케팅에 기여하고 있다. 릴 미켈라는 실시간으로 팬들과 상호작용하고, 브랜드와의 협업으로 마케팅 성과를 높이는 데 중요한 역할을 한다.

슈두 그램(Shudu Gram)은 또 다른 유명한 가상 인플루언서로, 모델로서 패션 브랜드와 협력하여 광고 캠페인에 참여하고 있다. 이 가상 인플루언서는 AI 기술로 생성된 모델 캐릭터로, 실제 모델처럼 사진 촬영, 스타일링, 마케팅 콘텐츠에 참여하고 있다. 슈두는 또한 소셜 미디어에서 활동하며, 팬들과 소통하고 브랜드의 메시지를 전달하는 데 중요한 역할을 한다.

AI는 광고 및 마케팅 분야에서 자동화와 맞춤형 경험을 제공하여, 브랜드와 소비자 간의 연결을 더욱 강화하며 마케팅 효율성을 높이고 있다. AI 기반 인플루언서 마케팅과 버추얼 인플루언서는 브랜드의 메시지를 효과적으로 전달하고, 소비자와의 상호작용을 확장하는 데 중요한 역할을 하고 있다. 이러한 가상 인플루언서들은 물리적 제약 없이 활동할 수 있어, 브랜드의 마케팅 범위를 더욱 넓히고, 디지털 콘텐츠 소비의 새로운 장을 열어 가고 있다.

참고문헌

김수경(2025.1.7). “나이키와 트래비스 스캇이 빚어낸 가장 ‘인간적인’ AI 광고의 탄생”. ≪뉴데일리≫. https://buly.kr/C09jGkx

문성식 · 황서이(2024). “버추얼 인플루언서 특성이 소비자 행동에 미치는 영향: 제품 적합성과 제품 유형의 조절된 매개효과를 중심으로”. ≪디지털콘텐츠학회논문지≫, 25(10), 3079~3089쪽.

문혜진 외(2023). 『새로운 AI, 새로운 사람들』. 마이북하우스.

민지영 외(2024). 『AI 영상 제작: 속지 않을 자신 있나요? 숏폼부터 딥페이크까지』. 길벗.

박상용 · 황서이(2024). 『가상과 현실의 융합, 버추얼×문화콘텐츠』. 북코리아.

임대준(2024.11.17). “코카콜라, 생성 AI로 30년 전 TV 광고 재탄생”. ≪에이아이타임스≫. https://buly.kr/CholByZ.

Ronald, I.(2025.3.28). Fashion giant H&M plans to use AI clones of its human models. Not everyone is happy. *CNN*. https://buly.kr/Edt5yyR

06

AI와 버추얼 프로덕션

AI 기반 버추얼 프로덕션은 가상 스튜디오, 실시간 렌더링, 배경 합성, 자동 하이라이트 생성 등으로 영상 제작의 패러다임을 바꾸고 있다. 언리얼 엔진 등은 영화 · 드라마 제작을 실시간으로 가능케 하며, 스포츠 중계와 뉴스룸 자동화에도 AI가 활용된다. 제작 시간과 비용을 절감하고, 몰입감 있는 콘텐츠를 신속하게 제공하며 방송 · 영상 산업에 혁신을 이끌고 있다.

AI와 야구?

AI 기반 가상 스튜디오

AI 기반 가상 스튜디오 기술은 영화, 드라마, 광고 제작 등에서 점점 더 중요한 역할을 하고 있다. 가상 스튜디오는 실제 촬영을 가상 환경에서 재현할 수 있게 해 주며, 다양한 물리적 제약을 뛰어넘을 수 있다. AI는 가상 스튜디오 내에서 실시간으로 장면을 조정하고, 배경을 합성하는 데 활용된다.

AI는 실시간 렌더링을 통해 복잡한 3D 환경을 최적화하고, 각 장면의 조명을 자동으로 설정하여 제작 시간을 단축하며 비용 절감 효과를 제공한다. 또한 촬영 현장에서 바로 결과를 확인하고 즉시 피드백을 받을 수 있게 돕는다. 이와 같은 기술들은 시간과 비용을 절감하면서도 현실감 넘치는 콘텐츠를 제작할 수 있게 해 준다.

디즈니 플러스(Disney+)의 드라마 시리즈 〈만달로리안〉은 언리얼 엔진(Unreal Engine)과 LED 화면을 사용해 물리적 세트를 최소화하고, 실시간으로 가상 배경을 합성하여 실제 촬영처럼 보이게 했다.

이러한 언리얼 엔진은 실시간 렌더링과 가상 프로덕션에 강점을 가진 플랫폼으로, 이를 통해 제작자들은 가상 환경을 실시간으로 조정하고 촬영 중 바로 결과를 확인할 수 있다. 그리고 리얼타임으로 최적화된 가상 배경을 생성하고 빠르게 고품질 콘텐츠를 제공한다. 이 플랫폼은 게임 산업에서 발전한 3D 엔진을 바탕으로, 영화 및 드라마 제작에 필요한 고급 가상 환경을 실시간으로 렌더링하며, 각 장면에 맞춘 정확한 빛을 설정할 수 있게 한다.

리얼타임 렌더링 기술은 AI와 함께 발전하면서 가상 프로덕션의 핵심 기술로 자리 잡았다. 언리얼 엔진, 엔비디아 옴니버스(NVIDIA Omniverse) 등과 같은 플랫폼은 실시간으로 3D 환경을 렌더링하며, 영화나 드라마 제작 중 실시간으로 가상 장면을 구현할 수 있게 한다.

옴니버스 플랫폼은 고급 시뮬레이션과 협업 도구를 제공하여 여러 창작자가 실시간으로 동시에 작업을 하며, 결과를 즉시 확인하고 조정할 수 있다. AI는 복잡한 디지털 환경을 실시간으로 최적화하고, 정확한 조명과 텍스처를 설정하는 데 사용된다. 이에 따라 촬영 시간과 비용이 절감되며, 제작자들은 더 빠르게 원하는 결과를 얻을 수 있다. 또한, 이러한 기술들은 전통적인 촬영 방식보다 훨씬 효율적으로 고품질 콘텐츠를 제공할 수 있게 해 준다.

AI 기반 배경 자동 생성 및 합성 기술인 그린 스크린 AI(Green Screen AI)는 기존의 그린 스크린 기술에 AI를 결합하여, 가상 배경을 자동으로 생성하고 합성하는 기술이다. AI는 실제 촬영 장면과 가상 배경을 결합할 수 있도록 하며, 이를 통해 제작자는 더 효율적이고 창의적인 콘텐츠를 제작할 수 있다. AI는 촬영된 이미지를 실시간으로 분석하고, 필요한 배경을 자동으로 선택하거나 생성한다. 이는 시간과 비용을 절감하는 중요한 기술로 자리 잡고 있다. 기존의 그린 스크린 기술에서는 촬영 후 후처리가 필수였지만, 그린 스크린 AI는 촬영 중 실시간으로 배경을 생성하고 합성하여 제작 속도를 획기적으로 향상할 수 있다.

AI 기반의 그린 스크린 합성 기술을 통해 영화나 TV 쇼 제작에서 배경을 실시간으로 합성할 수 있다. AI는 촬영 중 실시간으로 배경을 바꾸거나 생성하여, 후처리 없이도 고품질의 합성된 장면을 제공하고, 제작 속도를 비약적으로 향상한다.

〈만달로리안〉에서는 그린 스크린 AI 기술을 활용하여 촬영 환경을 실시간으로 변경하고, 필요한 배경을 즉시 합성하여 높은 수준의 현실감을 유지하면서도 제작 시간을 단축할 수 있었다.

이처럼 AI 기술은 실시간 렌더링과 배경 합성에 중요한 역할을 하여, 제작 시간을 크게 단축하게 하고, 더욱 몰입감 있는 장면을 만들어 냈다. 이러한 기술적 접근은 영화 제작에서의 패러다임을 완전히 변화시켰다.

AI와 스포츠 중계 및 자동 하이라이트

AI는 스포츠 중계 기술에도 큰 혁신을 가져왔다. AI를 활용한 실시간 경기 분석과 해설은 팬들에게 더욱 몰입감 있는 중계를 제공한다. AI는 경기 중에 발생하는 다양한 데이터를 실시간으로 분석하고, 이를 바탕으로 통계와 전술적 분석을 제공하여 중계의 깊이를 더한다.

또 AI 기반 시스템은 자동으로 하이라이트를 생성하고, 실시간으로 경기를 분석하여 팬들이 원하는 장면을 빠르게 제공할 수 있다. 이러한 기술은 실시간으로 경기의 흐름을 파악하고, 중요한 순간들을 빠르게 추출하여 팬들에게 최적화된 콘텐츠를 제공하는 데 중요한 역할을 한다.

IBM의 왓슨 AI(Watson AI)는 윔블던 대회에서 실시간 경기 분석과 하이라이트 생성을 제공했다. 왓슨 AI는 경기 중에 발생하는 다양한 데이터를 분석하여, 이를 바탕으로 실시간 하이라이트와 전술 분석을 제공하며 팬들에게 더욱 향상된 경험을 선사했다. 또한, 왓슨은 AI 해설을 통해 경기의 전반적인 흐름을 팬들에게 쉽게 전달하며, 경기 내용을 더욱 깊이 이해할 수 있도록 돕는다. 이를 통해 팬들은 더 풍부한 정보를 얻고, 경기의 중요한 순간을 놓치지 않게 된다.

MLB(Major League Baseball)의 스탯캐스트(Statcast) 시스템은 AI 기반의 하이라이트 자동 생성과 전술 분석을 제공한다. 스탯캐스트는 실시간으로 경기 데이터를 분석하고, 이를 바탕으로 중요한 장면을 추출하여 팬들이 쉽게 이해할 수 있는 방식으로 하이라이트를 제공한다. 이 시스템은 특히 AI의 자동 하이라이트 생성 기술을 활용하여, 경기 중에 발생한 중요한 순간을 빠르게 제공한다. 팬들은 실시간으로 하이라이트를 확인할 수 있다. 또한 팀의 전술적 움직임을 분석하고, 이를 통해 경기에 대한 보다 정교한 분석을 제공한다.

AI는 스포츠 중계에서 실시간 데이터 분석, 하이라이트 자동 생성, 전술 분석 등을 통해 중계의 질을 높이고, 팬들에게 실시간으로 유용한 정보를 제공하는 중요한 도구로 자리 잡고 있다. 이러한 기술들은 스포츠 중계의 몰입감을 한층 강화하며, 팬들과의 상호작용을 더욱 깊게 만든다.

AI 기반 뉴스룸 자동화

AI는 뉴스룸 자동화는 가상 프로덕션 분야에서도 혁신적인 변화를 일으켰다. CNN AI 채널은 AI를 활용하여 실시간으로 뉴스 콘텐츠를 생성하고 방송하는 데 사용되며, 뉴스 제작과 배포를 자동화하여 효율성을 크게 향상한다.

이 시스템은 딥러닝을 이용해 실시간으로 뉴스 데이터를 분석하고, 자연어 생성(NLG, Natural Language Generation) 기술을 활용해 기사를 자동으로 작성한다. 이를 통해 CNN은 빠르게 변화하는 뉴스 환경에 즉시 대응할 수 있으며, 반복적인 기사 작성 업무를 최소화하여 기자들이 더 중요한 작업에 집중할 수 있도록 돕는다.

더욱이 AI 모션 캡처(motion capture)와 가상 프로덕션 기술은 물리적 촬영 환경 없이도 현실감 있는 영상을 실시간으로 제작할 수 있도록 한다. 이 기술은 3D 모델링과 AI 기반 렌더링을 통해 가상의 환경과 캐릭터를 실시간으로 합성하며, 전통적인 촬영 방법을 대체한다.

디즈니는 AI를 활용해 가상 환경에서 실시간으로 장면을 촬영하거나 캐릭터를 구현하며, 전통적인 물리적 세트 대신 가상 세트를 활용하여 높은 비용을 절감한다. 이 기술은 실제 촬영이 불가능한 환경에서도 고품질 콘텐츠를 제작할 수 있게 해 준다.

AI는 자동화된 비디오 제작 시스템을 통해 방송 및 영상 제작 프로세스의 모든 단계를 최적화하며, 더 빠르고 정확한 콘텐츠 제공을 가능하게 한다. 또한, AI 영상 합성(generative video synthesis)과 AI 기반 가상 뉴스 스튜디오는 뉴스의 실시간 전달을 향상하며, 사용자가 더욱 몰입감 있고 혁신적인 콘텐츠 경험을 할 수 있도록 지원한다.

이와 같은 기술들은 뉴스와 방송 산업에 새로운 기회를 창출하며, 제작자와 소비자 모두에게 더 효율적이고 유연한 콘텐츠 소비를 제공한다.

AI 기반 버추얼 프로덕션 기술은 영상 콘텐츠의 제작 방식에 있어 획기적인 전환점을 마련하고 있다. 가상 스튜디오, 실시간 렌더링, 자동 하이라이트 생성은 기존의 물리적 제약과 고비용 구조를 뛰어넘어 더 빠르고 정밀하며 창의적인 콘텐츠 생산을 가능하게 만든다.

특히 영화, 드라마, 스포츠 중계, 뉴스 보도 등 다양한 영역에서 AI는 반복적인 제작 과정을 자동화하고, 고품질의 결과물을 실시간으로 제공해 전통적 프로덕션 시스템을 대체하거나 보완하고 있다.

참고문헌

김경달 외(2023). 『디지털 미디어 인사이트 2024: AI 시대의 생존 전략, 미디어 패러다임을 바꿔라!』. 이은북.

김경달 외(2024). 『디지털 미디어 인사이트 2025: AI 에이전트가 온다』. 이은북.

황서이(2024). 『AI와 엔터테인먼트』. 커뮤니케이션북스.

K-EnterTech Hub(2023.7.28). Channel1 News, They want to be AI-CNN. Youtube. https://buly.kr/2fdYWj6

07
AI 창작물의 저작권과 윤리

AI가 창작의 주체로 등장하면서 콘텐츠 산업은 혁신을 거듭하고 있지만, 저작권 귀속, 알고리즘 편향, 검열 투명성과 같은 윤리적 과제도 함께 대두되고 있다. AI가 만든 창작물에 대한 법적 소유권, 학습 데이터의 다양성과 공정성, 자동화된 콘텐츠 차단의 기준 등에 대한 명확한 규정이 요구된다. 이를 해결하기 위해선 알고리즘의 투명성 확보, 사람의 감시와 개입 강화, 공정한 데이터 설계 등 제도적 보완이 필요하다.

AI와 윤동주?

AI가 생성한 콘텐츠의 저작권 문제

엔터테인먼트 분야에서 생성형 AI 기술의 발전은 계속되며, AI 기반 콘텐츠 제작은 점차 보편화하고 있다.

방송 콘텐츠 분야에서 생성형 AI는 새로운 가능성을 보여 준다. AI가 각본을 작성하고 방송을 진행하는 플랫폼을 개발하여, 심지어 재난 보도까지 담당할 수 있도록 하였다. 이 기술은 인력 부족 시간대에도 24시간 뉴스 방송이 가능하다는 점에서 지역 언론사로부터 긍정적 평가를 받고 있다.

뉴스 콘텐츠 분야에서도 생성형 AI는 혁신적인 변화를 이끌고 있다. CNN은 AI 기반 맞춤형 뉴스 서비스인 채널 1(Channel 1)을 도입하여, 사용자 맞춤형 뉴스 콘텐츠를 제공하고 있다. 이 서비스는 대규모 언어 모델(LLM, Large Language Model)을 기반으로 하여, 하루 최대 2000개까지 자동 뉴스 코너를 생성할 수 있다.

스포츠 콘텐츠 분야에서도 생성형 AI의 활용은 점점 더 확장되고 있다. IBM의 왓슨 X(Watson X)는 윔블던 테니스 대회에서 실시간 중계와 소통을 지원하였고, 구글 딥마인드(Google DeepMind)는 축구 경기의 코너킥 전술을 분석하고 예측하는 기술을 개발했다.

음악 콘텐츠 분야에서 생성형 AI는 주로 두 가지 방식으로 음악을 생성한다. 첫째, 특정 장르나 스타일, 아티스트를 미리 설정하면 AI가 음악을 생성하는 방식이며, 둘째는 사용자가 업로드한 오디오 파일을 바탕으로 AI가 지속해서 수정하여 완성하는 방식이다.

그런데도 생성형 AI가 생성한 콘텐츠의 저작권 문제는 현재 법적 쟁점 중 하나로, AI가 창작한 작품에 대한 소유권을 누구에게 귀속할지에 대한 논의가 필요하다. 현재 대부분 법체계에서는 저작권을 인간 창작자에게만 부여하고 있으며, AI는 법적 주체로 인정되지 않기 때문에 AI가 생성한 콘텐츠에 대한 저작권을 AI에 부여할 수 없다. 이에 따라 AI 창작물의 저작권을 누가 보유할지에 대한 명확한 기준이 없다.

AI 관련 저작권 논란 사례를 살펴보자. 스테이블 디퓨전(Stable Diffusion)은 공개된 이미지들을 학습 데이터로 사용하여 새로운 이미지를 생성하지만, 이 과정에서 기존 이미지의 저작권을 침해하는 문제를 일으켰다. 게티 이미지(Getty Images)는 자사의 이미지들이 학습 데이터로 사용되었음을 발견하고, 이에 대한 저작권을 주장하면서 법적 대응을 예고했다. 이 사건은 AI가 생성한 콘텐츠의 저작권 문제를 해결하기 위한 법적 논란이 여전히 진행 중임을 보여 준다.

넷플릭스(Netflix)는 AI를 활용하여 애니메이션을 제작하였으며, 이 과정에서 AI의 기여가 중요한 역할을 했다는 주장이 제기됐다. 이는 AI가 창작물의 주요 역할을 했을 때 그 저작권을 어떻게 분배할 것인가 하는 논란을 일으켰다. 또 미국작가조합(WGA, Writers Guild of America)은 AI 기반 대본 작성에 대한 논의를 통해, AI의 참여가 저작권 분배에 영향을 미칠 수 있음을 시사했다.

알고리즘 편향과 콘텐츠 다양성 문제

AI 기반 콘텐츠의 알고리즘은 종종 편향적 결과를 초래할 수 있다. AI가 학습하는 데이터가 편향되면, AI가 생성한 콘텐츠에도 그 편향이 반영될 가능성이 크다.

예를 들어 인종적, 성적, 문화적 편향이 포함된 데이터로 AI를 학습시키면, AI가 만든 콘텐츠에도 이러한 편향이 나타날 수 있다. 이에 따라 콘텐츠의 다양성을 확보하고, 알고리즘의 공정성을 높이려는 방안이 필요하다. 이를 해결하기 위해서는 알고리즘의 투명성 확보와 데이터의 다양성을 증진하는 작업이 중요하다.

2015년, 구글 포토(Google Photos)는 얼굴 인식 기술에서 발생한 인종적 편향 문제로 논란이 되었다. AI가 자동으로 사진을 분류할 때, 흑인 사람들을 '고릴라'로 잘

못 태깅(Tagging)하는 문제가 발생한 것이다. 이 사건은 AI가 학습하는 데이터에 포함된 편향이 실제로 콘텐츠에 영향을 미친 대표적인 사례로, 알고리즘의 편향 문제와 그로 인한 윤리적 논란을 제기했다.

이 사건을 계기로 구글은 AI 학습 데이터의 다양성과 편향 문제를 해결하기 위해 여러 개선 조처했다. 구글은 이후 얼굴 인식 기술의 정확성을 높이기 위해 다양한 인종과 성별을 대표하는 데이터를 포함해 AI를 학습시켰고, 특정 인종과 관련된 편향적인 결과를 방지하는 데 집중했다.

AI 기술의 편향 문제를 해결하기 위한 핵심적인 첫 번째 방안은 데이터의 다양성 확보다. AI는 주어진 학습 데이터를 기반으로 패턴을 인식하고 예측을 수행하기 때문에 특정 인종, 성별, 연령, 또는 문화적 배경이 왜곡된 형태로 포함될 경우, 알고리즘은 편향된 결과를 생성할 가능성이 높다. 따라서 다양한 집단을 고르게 포함하는 데이터 구성이 필수이며, 이를 통해 AI는 더 공정하고 균형 잡힌 시각을 반영하는 콘텐츠를 생성할 수 있다. 예컨대 얼굴 인식 기술의 정확성을 높이기 위해 여러 기업은 다양한 인종과 성별을 포함한 학습 데이터를 재정비하고 있으며, 이러한 노력이 기술의 신뢰성을 높이는 기반

이 되고 있다.

알고리즘의 투명성과 책임성 확보 역시 편향 문제를 해결하기 위한 중요한 과제다. AI 시스템이 어떤 데이터를 기반으로, 어떠한 과정을 거쳐 결정을 내리는지에 대한 설명 가능성이 확보되어야 하며, 이는 기술에 대한 사회적 신뢰를 형성하는 데 결정적 역할을 한다. AI의 의사결정 과정에서 발생할 수 있는 편향의 원인을 추적하고, 그 영향력을 사전에 파악할 수 있도록 알고리즘 구조와 학습 과정에 대한 정보를 공개하는 노력이 필요하다. 아울러 문제가 발생했을 때 명확한 책임 소재를 규명하고 대응할 수 있는 체계도 함께 마련되어야 한다. 이러한 투명성과 책임성은 단순히 기술적 성능 향상을 넘어 AI 기술의 윤리적 활용과 사회적 수용을 위한 필수 조건이라 할 수 있다.

AI 기반 콘텐츠 검열과 투명성 문제

AI는 콘텐츠 검열에 사용되기도 한다. 그러나 AI가 콘텐츠를 자동으로 검열할 때, 검열 기준의 명확성과 투명성 문제가 발생할 수 있다. AI가 어떤 기준으로 콘텐츠를 차단하거나 검열하는지, 그 알고리즘이 어떻게 작동하는지 설명이 부족하면, 검열이 불공정하거나 불투명하게 이루어질 수 있다. 또 AI가 사용하는 기준에 대한 정보가 불명확하면 특정 집단에 대한 차별이나 편향이 발생할 위험도 존재한다. 따라서 AI 기반 콘텐츠 검열의 투명성을 높이고, 검열 과정에서 발생할 수 있는 윤리적 문제를 최소화하려는 조치가 필요하다.

페이스북(Facebook)은 자사의 플랫폼에서 사용자들이 올리는 콘텐츠를 검열하기 위해 AI를 사용하고 있다. AI는 부적절하거나 폭력적인 콘텐츠를 식별하고, 이를 자동으로 차단하는 방식으로 운영된다. 그러나 2020년, 페이스북의 콘텐츠 검열 시스템은 특정 정치적 성향의 콘텐츠를 과도하게 차단하는 문제를 일으켰다. AI가 자동으로 콘텐츠를 검열하는 방식이 불투명하고, 그 기준이 명확하지 않다는 비판을 받았다. 일부 사용자들은 정치적인 이슈에 대해 자신의 의견을 표현할 때, AI가 그들의 콘텐츠를 부당하게 차단한다고 주장했다. 이러한 문제는 사회적 논란을 일으켰고, 페이스북은 더 나은 해결책을 모색하게 되었다.

페이스북은 이 문제를 해결하기 위해 AI 검열 시스템의 투명성을 높이기 위한 노력을 강화하고, 사용자에게 더 명확한 검열 기준을 제공하려고 조처했다. 페이스북은 검열의 기준과 방법을 공개하며, AI가 어떤 콘텐츠를 왜 차단했는지 설명을 시도했다. 또 AI 검열의 판단을 보완하기 위해, 사람의 개입을 허용하는 프로세스를 도입하고 자동화한 검열에 대한 사용자 불만을 해결하기 위한 기회를 제공하고 있다.

AI 기반 콘텐츠 검열 시스템의 편향성과 불투명성 문제를 해결하기 위해서는 명확한 기준 설정, 투명한 운영, 인간 중심의 보완 체계, 그리고 윤리적 검토가 필수적이다. 첫째, 검열 기준의 명확화 및 공개가 이뤄져야 한다. 플랫폼은 AI가 어떤 기준에 따라 콘텐츠를 차단하거나 제한하는지를 명확히 밝히고, 사용자들이 이해할 수 있는 형태로 가이드라인을 제공해야 한다.

둘째, 검열 과정의 투명성 증대가 필요하다. AI 검열 시스템의 작동 방식과 알고리즘의 판단 기준이 투명하게 공개되어야 하며, 콘텐츠가 어떤 이유로 검열되었는지 사용자에게 설명할 수 있어야 한다.

셋째, 사람의 개입을 통한 검열 보완이 중요하다. AI는 여전히 문화적 맥락이나 사회적 함의를 완전히 이해하기 어렵기 때문에, 인간 전문가의 판단을 통해 AI의 한계를 보완해야 한다. 민감한 이슈나 복잡한 표현의 경우, 사람의 개입은 공정성을 높이고 오검열의 가능성을 줄이는 역할을 한다.

마지막으로, 윤리적 검열 및 차별 방지가 핵심 과제로 제기된다. AI 검열 시스템이 특정 집단이나 의견을 차별하지 않도록 알고리즘 편향을 최소화하고, 학습 데이터의 다양성을 확보해야 한다. 이를 통해 AI는 더 포용적이고 공정한 기준을 바탕으로 작동할 수 있으며, 사회적 신뢰를 얻을 수 있는 기술로 발전할 수 있다.

참고문헌

김경달 외(2023). 『디지털 미디어 인사이트 2024: AI 시대의 생존 전략, 미디어 패러다임을 바꿔라!』. 이은북.

김경달 외(2024). 『디지털 미디어 인사이트 2025: AI 에이전트가 온다』. 이은북.

김형주 외(2024). 『인공지능 윤리규범학』. 태학사.

박평종 외(2024). 『인공지능 사회문화학』. 태학사.

여성국(2024.2.23). "'AI가 역사 왜곡?'…구글 제미나이 AI 이미지 기능 중단". ≪중앙일보≫. https://www.joongang.co.kr/article/25230724

차주경(2023.2.9). "게티이미지, 인공지능 사진 생성 도구에 '2,268조 원' 소송 제기". ≪아이티동아≫. https://it.donga.com/103435/.

황서이(2024). 『AI와 엔터테인먼트』. 커뮤니케이션북스.

Kaplan. J.(2024). *Generative Artificial Intelligence: What Everyone Needs to Know*. Oxford University Press. 정미진 옮김(2024).『생성형 AI는 어떤 미래를 만드는가』. 한스미디어.

08
AI와 인터랙티브 콘텐츠

AI는 영화, 방송, 팬 미팅, 메타버스 등 다양한 분야에서 실시간 상호작용과 개인화된 콘텐츠 경험을 가능하게 하며, 인터랙티브 콘텐츠의 변화를 주도하고 있다. AI는 관객의 선택에 따라 스토리를 조정하거나 캐릭터와의 대화를 구현하고, 팬 미팅에서도 실시간 대화를 통해 몰입감을 높인다. 메타버스에서는 가상 캐릭터와의 소통과 피드백 기반 공연 조정이 가능해지며, 사용자의 반응을 반영한 맞춤형 콘텐츠 제공이 이루어진다.

AI와 한의학?

AI 기반 인터랙티브 콘텐츠와 실시간 방송

엔터테인먼트 분야에서는 몰입형 콘텐츠를 위한 인터랙티브 AI 기술이 도입되고 있다. 디즈니는 인월드 AI(Inworld AI) 기술을 활용해 영화와 게임 속 캐릭터가 실제 관객과 상호작용할 수 있도록 하는 플랫폼을 기획 중이며, 영화 상영 이후에도 캐릭터가 관객과 대화를 이어가는 새로운 형태의 쌍방향 경험을 제공할 예정이다. 이는 몰입감을 높이는 동시에, 엔터테인먼트 산업에서 새로운 수익 모델을 창출할 가능성을 제시한다.

AI는 방송 중에 발생하는 다양한 데이터를 분석하고, 이를 기반으로 맞춤형 콘텐츠를 제공하여 실시간 방송에서의 참여도와 몰입감을 크게 향상한다. AI는 실시간으로 방송의 흐름을 조정하고, 관객의 반응을 즉각적으로 반영하여 방송의 개인화 및 효율성을 극대화하는 데 중요한 역할을 한다.

트위치(Twitch)는 AI 기반의 실시간 방송 기술을 활용하여 관객과의 상호작용을 강화하고 있다. AI는 관객의 실시간 피드백을 분석하여 방송 내용이나 상호작용을 즉각적으로 반영한다. 또한, AI는 시청자가 선호하는 콘텐츠나 게임을 자동으로 추천하여, 관객의 참여도를 높이고 방송의 효율성을 극대화한다. 이를 통해 트위치는 시청자의 관심사와 행동에 맞춘 맞춤형 경험을 제공하며, 방송 중 실시간으로 반응을 유도하고, 관객들이 방송과 더 깊이 연결될 수 있게 한다.

AI는 실시간 방송에서의 사용자 경험을 개인화하고, 관객의 몰입도를 높이는 데 중요한 역할을 한다. AI는 방송의 내용, 인터랙션, 콘텐츠 추천을 최적화하여, 방송 환경을 더욱더 동적이고 참여 중심으로 변모시키고 있다.

AI 기반 인터랙티브 영화와 실시간 스토리텔링

AI는 영화의 스토리텔링 방식을 혁신적으로 변화시키고 있으며, 고정된 플롯을 넘어서 관객의 선택에 따라 이야기가 전개되는 인터랙티브 영화에서 중요한 역할을 한다. AI는 이러한 영화에서 관객의 반응을 실시간으로 분석하고, 그에 맞는 콘텐츠를 제공하여 더욱 몰입감 있는 경험을 창출한다. AI 기반의 실시간 스토리텔링은 단순히 관객의 선택을 반영하는 것에 그치지 않고, 그 선택을 기반으로 실시간으로 스토리 전개를 최적화하는 기술로 작동한다. 이를 통해 관객은 영화의 전개에 직접적인 영향을 미칠 수 있으며, 각기 다른 경험을 제공받게 된다.

넷플릭스의 〈블랙미러: 밴더스내치(Black Mirror:

Bandersnatch)〉와 〈당신과 자연의 대결(You vs. Wild)〉은 인터랙티브 영화의 대표적인 사례다. 이 영화들은 관객의 선택에 따라 이야기가 분기하는 형태를 취하고 있어, 관객에게 전례 없는 몰입감을 선사한다.

〈밴더스내치〉는 사용자가 주인공의 선택을 통해 다양한 경로로 이야기를 이끌 수 있었다. AI는 실시간으로 관객의 선택을 분석하여 스토리의 흐름을 조정하며 각 선택에 맞는 맞춤형 콘텐츠를 제공했다. 이 기술은 관객에게 매번 새로운 결말을 제공하면서, 기존 영화의 고정된 흐름을 넘어서는 경험을 선사한다.

〈당신과 자연의 대결(You vs. Wild)〉에서는 주인공이 야생에서 생존하는 과정을 관객이 실시간으로 결정하며, 관객의 참여를 더욱 강화하는 형태로 전개된다. AI는 관객의 선택을 빠르게 반영하고, 그에 따라 야생 생존 상황을 실시간으로 조정하는 중요한 역할을 하며, 관객에게 더욱 몰입감 있는 경험을 제공한다.

이러한 인터랙티브 영화에서 AI는 관객의 반응을 실시간으로 분석하여 스토리 전개를 조정하고, 각 관객에 맞춤형 콘텐츠를 제공하는 데 중요한 역할을 한다. 이는 고정된 플롯에 대한 전통적인 영화 경험을 넘어서, 각 관객이 개인화된 경험을 할 수 있게 한다.

AI 스토리 생성 엔진인 딥스토리(DeepStory)와 수도라이트(Sudowrite)는 작가가 이야기의 흐름을 창작할 때 도움을 주는 도구로 활용된다. AI는 주어진 텍스트를 바탕으로 새로운 이야기 전개를 자동으로 생성하거나 제안할 수 있다.

딥스토리는 작가가 제공한 아이디어나 플롯을 기반으로 실시간으로 이야기를 발전시켜 주는 도구로, 비선형적이고 동적인 이야기 전개를 가능하게 한다. 작가는 AI의 제안을 바탕으로 이야기를 확장하거나 수정할 수 있으며, 이를 통해 창작의 흐름을 자연스럽게 변화시킬 수 있다.

수도라이트는 창작 중 실시간으로 창의적인 아이디어를 제시하거나 기존의 텍스트를 기반으로 스토리를 확장하는 데 사용된다. 이 도구들은 작가가 플롯을 수정하고, 스토리의 흐름을 동적으로 변화시키며, 맞춤형 콘텐츠 생성을 가능하게 한다.

AI의 창의적인 지원을 통해 작가는 더욱 풍부하고, 다채로운 이야기 구조를 만들 수 있다. AI는 단순한 도구 이상의 역할을 하며, 창작의 중요한 요소로 자리 잡고 있다. 이를 통해 비선형적이고 개인화된 스토리텔링을 구현할 수 있다.

AI 기반 가상 이벤트 및 팬 미팅

AI는 팬들과의 상호작용 방식을 변화시키며, 가상 이벤트와 팬 미팅을 더욱 개인화한 경험으로 제공한다. 기존의 팬 미팅은 대면 행사에서 이루어졌지만, AI를 활용한 가상 팬 미팅은 시간과 장소의 제약을 넘어, 팬들에게 더욱 몰입감 있고 맞춤화된 경험을 제공한다. AI는 팬과 실시간으로 대화하고, 팬의 요구를 즉시 반영하여 맞춤형 콘텐츠를 제공하는 등의 방식으로 새로운 형태의 가상 팬 미팅을 이끈다.

딥브레인(DeepBrain AI)은 AI 기반 챗봇 기술을 활용하여 유명인과 팬 간의 대화를 현실감 있게 재현하는 서비스를 제공한다. AI는 유명인의 목소리와 행동을 분석하여, 실제 사람과 대화하는 것처럼 자연스러운 상호작용을 만들어 낸다. 팬들은 자신이 좋아하는 스타와 실시간으로 대화할 수 있으며, 이 과정에서 팬은 스타와의 개인적인 관계를 더욱 깊게 느낄 수 있다.

북미 메타버스 엔터테인먼트 기업인 하이퍼리얼(Hyperreal)은 가상 캐릭터와 팬들이 직접 대화할 수 있는 환경을 만들어, 팬 미팅의 새로운 장을 연다. 이 플랫폼에서는 AI 기반 가상 캐릭터가 팬의 질문에 실시간으로 반응하며, 팬들은 자신만의 맞춤형 경험을 즐길 수 있다. 하이퍼리얼의 AI 챗봇은 가상 캐릭터의 목소리와 태도를 세밀하게 조정하여, 팬들에게 더욱 몰입감 있는 경험을 제공한다. AI 기술이 만들어 내는 개인화된 상호작용은 팬들에게 단순한 이벤트를 넘어서는 특별한 경험을 선사한다.

메타버스와 AI 기반 라이브 이벤트

메타버스와 AI는 가상현실에서 새로운 이벤트 형식을 제공하며, 팬들에게 몰입감 넘치는 경험을 선사한다. AI는 라이브 이벤트에서 관객의 반응을 실시간으로 분석하고, 이를 바탕으로 공연이나 콘텐츠를 동적으로 조정한다. 메타버스 내에서 AI는 가상 캐릭터와의 상호작용을 통해 팬들과의 실시간 소통을 강화하고, 더욱 개인화한 경험을 제공한다.

AI는 소셜 미디어에서 사용자와의 상호작용을 더욱 개인화하고, 콘텐츠 추천 알고리즘을 통해 사용자에게 맞춤형 콘텐츠를 제공한다. AI는 사용자의 행동 데이터를 실시간으로 분석하고, 그에 맞는 콘텐츠를 제시하는 데 중요한 역할을 한다.

인스타그램(Instagram)과 틱톡(TikTok)은 AI를 활용하여 사용자가 선호할 만한 콘텐츠를 추천하며, 이를 통해 사용자 경험을 극대화하고 소셜 미디어 플랫폼의 참여도를 높이고 있다. 틱톡은 특히 AI 기반 추천 시스템을 활용하여, 짧은 시간 안에 개인 맞춤형 피드를 제공하고 사용자의 관심을 끌어내며 글로벌적 인기를 얻었다. 이 과정에서 AI는 사용자의 활동 데이터를 실시간으로 분석하여 더 많은 참여를 유도하고 있다.

메타버스에서 AI 기반 라이브 이벤트는 팬들에게 실시간 상호작용의 기회를 제공한다. AI 가상 캐릭터는 이벤트에서 팬들과 대화하며 AI는 관객의 실시간 반응을 분석하여 콘텐츠를 최적화하고, 관객의 선호에 맞춘 경험을 제공한다. 예를 들어, AI 공연에서는 가상 아티스트가 팬들의 실시간 피드백을 반영하여 공연을 조정하며, 이를 통해 공연의 몰입감을 극대화한다.

메타버스 플랫폼에서는 AI 기반의 라이브 공연이 열리며, 아티스트와 팬들이 가상공간에서 직접 상호작용하는 경험을 제공한다. 이 경험은 기존의 전통적인 공연을 넘어 디지털 환경에서 팬들과의 관계를 새롭게 정의하는 방식으로 발전하고 있다.

AI 기반 인터랙티브 콘텐츠는 영화, 게임, 팬 미팅, 메타버스 등 다양한 분야에서 사용자의 참여를 극대화하고 더 개인화한 경험을 제공한다. AI는 이러한 콘텐츠를 실시간으로 최적화하고, 다양한 상호작용을 가능하게 하여, 콘텐츠 제작과 소비의 방식을 혁신적으로 변화시키고 있다. AI의 발전은 인터랙티브 콘텐츠의 미래를 더욱 흥미롭고 다채로운 방향으로 이끌고 있으며, 이는 향후 새로운 형태의 콘텐츠 소비 경험을 만들어 낼 것이다.

참고문헌

김경달 외(2023). 『디지털 미디어 인사이트 2024: AI 시대의 생존 전략, 미디어 패러다임을 바꿔라!』. 이은북.

김경달 외(2024). 『디지털 미디어 인사이트 2025: AI 에이전트가 온다』. 이은북.

박상용·황서이(2024). 『가상과 현실의 융합, 버추얼×문화콘텐츠』. 북코리아.

박평종 외(2024). 『인공지능 사회문화학』. 태학사.

유건식 외(2023). 『OTT 트렌드 2024: AI 시대를 맞는 OTT의 전략』. 형설eLife.

유건식 외(2024). 『OTT 트렌드 2025: 성숙기에 접어든 OTT시장의 선택과 전망』. 형설eLife.

한정훈(2023). 『AI 시대, 엔터테인먼트의 미래』. 페가수스.

황서이(2024). 『AI와 엔터테인먼트』. 커뮤니케이션북스.

Kaplan. J.(2024). *Generative Artificial Intelligence: What Everyone Needs to Know*. Oxford University Press. 정미진 옮김(2024).『생성형 AI는 어떤 미래를 만드는가』. 한스미디어.

09
AI와 엔터테크 플랫폼

AI는 엔터테인먼트 플랫폼의 콘텐츠 추천, 제작, 유통 과정 전반에 걸쳐 개인화와 효율성을 극대화하며 사용자 경험을 혁신하고 있다. 넷플릭스, 유튜브 등은 AI를 통해 맞춤형 콘텐츠와 자동화된 제작 도구를 제공하고, 메타버스 및 VR/AR과의 융합은 몰입형 경험을 실현한다. 블록체인 기술과의 결합은 NFT 기반 소유권 보호와 거래 투명성을 확보하며, AI 콘텐츠의 자산 가치를 높이고 있다.

AI와 화장품?

생성형 AI 기반 엔터테크 플랫폼

생성형 AI와 엔터테크(Entertech) 플랫폼의 융합은 콘텐츠 산업 전반에 걸쳐 혁신을 촉진하고 있다. AI는 콘텐츠의 추천, 제작, 유통 등 플랫폼 전 과정에 걸쳐 개인화와 자동화를 실현함으로써 사용자 경험을 크게 변화시키고 있다.

넷플릭스(Netflix), 유튜브(YouTube) 등 글로벌 플랫폼은 AI를 활용해 사용자의 시청 패턴을 분석하고, 이에 기반한 맞춤형 콘텐츠를 제공하는 것은 물론, 자동 편집과 자막 생성 등 제작 단계까지도 AI를 적용하고 있다. 나아가 메타버스 및 VR(Virtual Reality)/AR(Augmented Reality) 기술과의 결합은 몰입형 경험을 가능하게 하고 있으며, 블록체인 기술과의 융합은 NFT(Non Fungible Token) 기반 콘텐츠 소유권 보호와 거래의 투명성을 높이며 AI 콘텐츠의 자산 가치를 확장하고 있다.

AI는 엔터테인먼트 플랫폼의 핵심 기술로 자리 잡으며, 콘텐츠 전략에서 중요한 역할을 하고 있다. 넷플릭스, 디즈니 플러스(Disney+), 유튜브는 각각 AI를 활용하여 사용자 맞춤형 콘텐츠 제공뿐만 아니라 콘텐츠 제작 및 배급의 효율성을 극대화하고 있다. AI는 사용자 시청 패턴을 분석하여 추천 시스템을 최적화하고, 콘텐츠 제작 과정에서 창작자에게 유용한 정보를 제공하여 의사 결정을 돕는 중요한 역할을 한다. 이러한 기술은 콘텐츠 소비를 혁신적으로 변화시키며, 사용자의 경험을 한층 향상한다.

넷플릭스는 AI와 데이터 분석을 통해 사용자 시청 패턴을 실시간으로 분석하고, 이를 바탕으로 맞춤형 콘텐츠 추천 알고리즘을 제공한다. 예를 들어, 넷플릭스는 각 사용자의 취향과 시청 기록을 분석하여, 개인화된 콘텐츠 추천을 제공하는데, 이는 이용자의 클릭률을 높이고, 더 오래 플랫폼에 머무를 수 있도록 만든다. AI는 콘텐츠 제작 초기 단계에서도 중요한 역할을 한다.

넷플릭스의 〈기묘한 이야기(Stranger Things)〉 등과 같은 인기 콘텐츠는 사용자의 반응을 분석한 결과를 바탕으로 더욱 효과적인 시즌 구성과 캐릭터 개발에 반영된다. 이는 기존의 비효율적인 콘텐츠 제작 단계를 개선하고, 빠르고 효율적인 프로세스를 가능하게 만든다.

유튜브는 AI 기반의 자동 자막 기술을 도입하여, 사용자가 업로드한 콘텐츠에 자막을 자동으로 추가하고, 이를 여러 언어로 번역하여 글로벌 사용자들의 접근성을 높인다. AI는 영상의 맥락을 분석하여 정확한 자막을 생성하며, 이를 기반으로 자동 번역 기술을 통해 여러 언어로 자막을 제공한다. AI는 사용자 선호도에 맞는 콘텐츠를 추천하는 역할을 한다. 유튜브는 이를 통해 시청자가 자신이 좋아할 만한 콘텐츠를 빠르게 발견할 수 있게 돕는다. 그리고 AI는 영상 생성 과정에서 자동화된 편집 도구를 제공하여 콘텐츠 제작자들이 더 빠르고 고품질의 영상을 제작할 수 있게 한다. AI는 사용자의 영상 스타일을 분석하고, 그에 맞는 필터나 편집을 제안해 제작 시간을 단축하고, 더욱 창의적인 영상 편집을 지원한다.

이러한 AI 기술들은 콘텐츠 제작에서 추천 시스템, 시청자 반응 분석, 자동화된 편집 등 다양한 분야에서 변화를 이끌고 있다. AI의 도움으로 엔터테인먼트 플랫폼은 더욱더 효율적이고 맞춤화된 서비스를 제공하고 있으며, 이는 사용자의 만족도와 참여도를 극대화한다.

AI와 메타버스, VR/AR 기술의 융합

AI와 메타버스, VR/AR 기술의 융합은 콘텐츠 소비 방식에 근본적인 변화를 일으키고 있으며, 가상 환경에서 더욱 몰입감 있는 사용자 경험을 제공한다. 메타버스 환경에서는 AI가 생성한 가상 캐릭터와 상호작용하며, VR/AR 기술을 통해 현실처럼 생동감 있는 경험을 제공한다. AI는 메타버스 내에서 가상 세계를 실시간으로 분석하고, 사용자의 요구를 바탕으로 맞춤형 콘텐츠를 생성하는 역할을 한다. 이러한 융합은 가상현실에서의 콘텐츠 소비를 변화시키며, 미래의 엔터테인먼트와 상호작용 방식을 새롭게 정의할 수 있다.

AI는 가상 캐릭터와 디지털 휴먼을 생성하는 데 중요한 역할을 한다. 하이퍼리얼(Hyperreal)은 AI 기반의 아바타 생성 및 디지털 휴먼 기술을 활용하여, 실제 사람처럼 행동하고 대화하는 가상 캐릭터를 만들 수 있다. 솔머신(Soul Machines)은 AI와 애니메이션 기술을 결합하여 디지털 휴먼을 제작하고 있으며, 최근에는 아이돌 그룹 GOT7의 멤버 '마크 투안(Mark Tuan)'을 디지털 휴먼으로 구현해 유튜브 팬들과 소통하는 사례를 선보였다. 디지털 휴먼 제작 비용이 감소함에 따라 의료, 유통, 교육 등 다양한 분야로 응용 가능성도 열리고 있으며, 생성형 AI와 메타버스 기술의 결합은 디지털 휴먼 산업의 성장을 더욱 가속화하고 있다. 일부 전문가는 미래의 연예인들은 모두 자신만의 디지털 휴먼을 보유하게 될 것이라고 전망한다.

이 기술을 통해 팬들과의 실시간 소통이나 몰입감 있는 가상 이벤트가 가능해지며, 디지털 세계에서 인간과의 인터랙션이 자연스럽게 이루어진다. AI 기반 디지털 휴먼은 이제 단순한 가상 캐릭터를 넘어서, 인간과의 관계를 더욱 깊이 있게 형성할 수 있는 중요한 도구로 자리 잡고 있다.

VR과 AR 기술은 AI와 결합하여 사용자가 가상 환경에서 실시간으로 콘텐츠와 상호작용할 수 있게 한다. AI는 VR/AR 환경에서 실시간으로 사용자의 반응을 분석하고, 그에 맞는 콘텐츠를 생성하여 더욱 몰입감 있는 경험을 제공한다.

마이크로소프트(Microsoft)의 홀로렌즈(HoloLens)와 같은 VR/AR 플랫폼은 실시간으로 변하는 사용자 환경에 맞춰 실시간 콘텐츠를 제공하며, 가상 세계와 현실 세계를 매끄럽게 연결하는 혁신적인 경험을 가능하게 한다. AI는 이러한 VR/AR 콘텐츠에서 사용자의 행동을 분석하고 그에 맞춰 게임 환경이나 가상 캐릭터의 상호작용을 동적으로 최적화한다.

메타버스와 VR/AR에서의 AI 기술은 가상현실 속에서 사용자 경험을 극대화하며, 이 기술들은 단순히 소비하는 경험을 넘어, 사용자가 적극적으로 참여하고 상호작용하는 방식을 새롭게 정의하고 있다. 이러한 기술 융합은 콘텐츠 제작에서 소비까지의 전 과정을 혁신적으로 변화시킨다.

AI 기반 콘텐츠의 소유권과 블록체인

AI와 블록체인 기술의 결합은 콘텐츠의 소유권 문제를 해결하는 데 중요한 역할을 한다. 블록체인은 콘텐츠의 원본성을 보장하고, 소유권을 명확하게 기록하는 시스템을 제공한다. 특히 NFT는 고유한 디지털 자산을 나타내며, AI가 만든 콘텐츠의 소유권을 NFT로 인증하고 거래할 수 있게 한다. 이에 따라 콘텐츠 창작자는 자기 작품에 대한 독립적인 소유권을 유지할 수 있으며, 소비자는 직접 콘텐츠를 구매하거나 거래할 수 있다. AI가 생성한 콘텐츠에 대해 NFT가 적용됨으로써, 콘텐츠의 진위성 보장과 소유권 이전이 가능해지며, 이는 AI 기반 창작물의 가치를 더욱 높인다.

AI가 만든 콘텐츠는 NFT 형태로 발행되어 콘텐츠의 소유권을 명확히 하고, 거래가 가능하다. 예를 들어, AI가 생성한 디지털 예술 작품은 NFT로 등록되어, 해당 작품에 대한 소유권을 구매자가 확보할 수 있다.

AI 기반 예술 작품은 고유성과 진품 인증이 가능하며, NFT를 통해 거래됨으로써 창작자와 소비자 모두에게 이익을 제공한다. NFT를 활용하면 AI 생성 콘텐츠가 쉽게 복제될 수 없으므로, 작품의 독점 판매와 진품 인증이 가능해진다.

AI가 생성한 콘텐츠가 블록체인에서 NFT 형태로 거래될 때, 그 거래 명세는 블록체인에 기록되어 완전한 투명성을 제공한다. 예를 들어, 비플(Beeple)의 작품 〈매일: 첫 5000일(Everydays: The First 5000 Days)〉은 NFT로 판매되었으며, 이는 디지털 예술의 가치를 증명한 사례로, NFT를 통해 거래되는 디지털 콘텐츠의 소유권과 가치가 어떻게 변화하는지를 보여 준다. NFT와 AI의 결합을 통해, 콘텐츠 창작자는 중개자 없이 직접 작품을 판매하고, 거래가 이루어질 때마다 사용료를 받을 기회를 제공받는다.

AI와 블록체인의 결합은 콘텐츠 소유권에 대한 새로운 패러다임을 열어 가고 있다. NFT를 통한 거래 시스템은 AI가 생성한 콘텐츠를 더 이상 단순한 디지털 파일이 아닌, 고유하고 가치 있는 자산으로 만들며, 이는 콘텐츠 시장에서의 혁신적 변화를 이끌고 있다.

참고문헌

김경달 외(2023). 『디지털 미디어 인사이트 2024: AI 시대의 생존 전략, 미디어 패러다임을 바꿔라!』. 이은북.

김경달 외(2024). 『디지털 미디어 인사이트 2025: AI 에이전트가 온다』. 이은북.

박상용 · 황서이(2024). 『가상과 현실의 융합, 버추얼×문화콘텐츠』.

북코리아.
박상용 외(2024). 『인공지능 기술비평학』. 태학사.
박평종 외(2024). 『인공지능 사회문화학』. 태학사.
한만혁(2023.9.8). “세계적인 디지털 아티스트 작품 한 자리에 ‘더 게이트웨이: 코리아’”. ≪IT동아≫. https://it.donga.com/104303/
한정훈(2023). 『AI 시대, 엔터테인먼트의 미래』. 페가수스.
황서이(2024). 『AI와 엔터테인먼트』. 커뮤니케이션북스.
Kaplan. J.(2024). *Generative Artificial Intelligence: What Everyone Needs to Know*. Oxford University Press. 정미진 옮김(2024).『생성형 AI는 어떤 미래를 만드는가』. 한스미디어.

10
AI와 인간 협업 크리에이터 생태계

생성형 AI는 이제 단순한 보조 도구를 넘어, 창작의 효율성과 창의성을 동시에 높이는 핵심 기술로 자리 잡고 있다. 다양한 분야에서 AI는 반복 작업을 자동화하고, 창작자는 더욱 창의적인 활동에 집중할 수 있다. 이러한 인간-AI 협업 구조는 콘텐츠 생산성을 높이고, 지속 가능한 디지털 창작 환경을 조성한다. 궁극적으로 AI와 인간의 공존은 미래 콘텐츠 산업의 경쟁력과 혁신을 이끄는 핵심 동력이 될 것이다.

종교와 AI?

AI 기반 창작 도구

AI는 창작과 제작의 모든 단계에서 인간 창작자의 협업 도구로 활용될 수 있으며, 그 가능성은 무궁무진하다. AI는 콘텐츠 제작의 효율성을 높이고, 창작자의 창의성을 보강하는 도구로 영상, 음성, 음악 및 광고 제작 등의 분야에서 중요한 역할을 한다. AI 기반 도구들은 실시간으로 데이터를 분석하고, 사용자 맞춤형 제안을 통해 창작자가 더 효율적으로 작업할 수 있도록 돕는다.

AI 영상 제작 도구인 런웨이 젠2(Runway Gen-2)는 AI 기반 영상 생성 플랫폼으로, 사용자가 간단한 텍스트나 이미지를 제공하면 AI가 자동으로 영상 콘텐츠를 생성해 준다. 이 도구는 영상 제작의 시간과 비용을 절감하며, 비디오 크리에이터들에게 더 창의적이고 실험적인 작업을 가능하게 한다. AI는 비디오의 스타일을 설정하거나 편집 작업을 자동화하여 창작자가 더 창의적인 부분에 집중할 수 있도록 돕는다. 이 기술은 특히 소셜 미디어 콘텐츠 제작자들 사이에서 인기를 끌고 있으며, 영상 제작의 진입 장벽을 낮추고 있다.

AI는 음악 창작에서도 중요한 역할을 한다. 아이바(AIVA, Artificial Intelligence Virtual Artist)는 AI를 이용하여 클래식 음악부터 현대적인 음악에 이르기까지 다양한 스타일의 곡을 작곡할 수 있는 도구다. 이 시스템은 작곡가가 설정한 매개변수에 따라 AI가 실시간으로 음악을 생성해 주며, 창작자의 창의성을 증대시킨다. 또 오픈AI(OpenAI)의 주크덱(Jukedeck)은 비디오 콘텐츠에 적합한 음악을 자동으로 생성하는 기능을 제공하여 콘텐츠 제작자들이 직접 음악을 만드는 데 드는 시간을 절약하게 해 준다.

국내 생성형 AI 기반 엔터테크 서비스

국내 생성형 AI 기반 엔터테크 기업들은 음성, 이미지, 텍스트, 영상 등 다양한 콘텐츠 요소를 자동화하며 창작자의 생산성을 높이고 있으며, 이를 이끄는 스타트업들의 활약이 두드러지고 있다.

네오사피엔스(Neosapience)는 음성 합성 플랫폼 타입캐스트(Typecast)를 통해 글로벌 사용자에게 자연스러운 더빙 서비스를 제공한다. 딥브레인 AI(DeepBrain AI)는 방송 · 영화 분야에 활용할 수 있는 AI 가상 인간 기술을 선보이고 있다. 라이언로켓(LionRocket)은 텍스트 기반 이미지 생성 플랫폼 '포킷(Pokesit)'을 2024년 7월까지 운영하였으며, 직관적인 시각 콘텐츠 제작을 지원하였다. 뤼튼 테크놀로지스(Wrtn Technologies)는 블로그 · 광고문 작성 등을 자동화하는 텍스트 콘텐츠 제작 플랫폼 '뤼튼 2.0(Wrtn 2.0)'을 제공한다. 웨인힐스브라이언트 AI(WayneHills Bryant AI)는 텍스트-영상 변환(TTV, Text-to-Video) 기술을 기반으로 자동 영상 제작 서비스를 제공한다. 포자랩스(Pozalabs)는 키워드만으로 음악을 제작할 수 있는 AI 음악 생성 플랫폼을 운영하고 있다. 휴멜로(Humelo)는 개인 목소리를 다양한 음성으로 변환할 수 있는 프로소디(Prosody) 기술을 개발하였다.

이처럼 한국의 생성형 AI 기반 엔터테크 기업들은 각기 다른 기술력을 바탕으로 음성, 이미지, 텍스트, 영상 등 콘텐츠의 주요 요소들을 자동화하고 있으며, 창작자들에게 효율적이고 창의적인 환경을 제공하고 있다. 이러한 기술들은 단순한 보조 도구를 넘어 창작의 핵심 수단으로 기능하며, 글로벌 콘텐츠 산업에서 경쟁력 있는 콘텐츠를 빠르게 생산 · 유통할 수 있는 생태계를 형성하고 있다. 앞으로 생성형 AI와 엔터테인먼트 기술의 융합은 더 다양하고 몰입적인 콘텐츠 경험을 창출하며, 한국의 디지털 콘텐츠 산업의 미래 경쟁력을 더욱 공고히 할 것으로 기대된다.

AI와 인간이 협업하는 크리에이터 생태계

AI와 인간 창작자는 상호 보완적 관계를 형성하며, 함께 창작물을 만들어 가는 혁신적인 크리에이터 생태계를 구축하고 있다. AI는 반복적이고 시간이 많이 소요되는 작업을 자동화하여 창작자의 부담을 덜어 주며, 창작자는 그동안의 경험과 창의력을 바탕으로 AI가 생성한 콘텐츠를 더욱 풍부하게 만든다.

AI가 제공하는 아이디어나 기법들은 창작자에게 새로운 영감을 제공하고, 창작의 범위와 깊이를 확장하는 역할을 한다. 이러한 협업은 콘텐츠 제작의 효율성을 높일 뿐만 아니라 창작의 질을 향상하며, 창작자들에게 더 넓은 창의적 가능성을 열어 준다.

AI는 이미 유튜브(YouTube), 틱톡(TikTok), 인스타그램(Instagram) 등 다양한 소셜 미디어 플랫폼에서 크리에이터들과 함께 활동하고 있다.

틱톡은 AI 알고리즘을 활용하여 사용자가 선호할 콘텐츠를 예측하고, 이를 바탕으로 개인 맞춤형 피드를 제공한다. 이 과정에서 AI는 사용자의 행동 패턴을 분석하여, 콘텐츠 추천을 개인화하고, 더욱 흥미로운 콘텐츠를 제공하는 데 중요한 역할을 한다. 또 AI가 자동으로 생성하는 효과와 필터는 크리에이터들이 더 창의적이고 다채로운 콘텐츠를 쉽게 제작할 수 있도록 돕는다. 이러한 AI 기능은 크리에이터들에게 더 많은 도구를 제공하며, 플랫폼에서 콘텐츠의 품질을 높이고, 사용자와의 상호작용을 더욱 증대한다.

AI 기반 크리에이터 협업 플랫폼인 어도비 파이어 플라이어(Adobe Firefly)와 캔바(Canva AI)는 크리에이터들이 AI 기반 도구를 사용하여 더욱 빠르고 효율적으로 콘텐츠를 제작할 수 있도록 지원하는 플랫폼이다. 어도비 파이어 플라이어는 사용자가 제공한 텍스트에 맞는 이미지를 자동으로 생성하며, 사용자는 이를 수정하거나 편집하여 개인화된 디자인을 완성할 수 있다. 이를 통해 사용자는 창작 과정에서 시간과 비용을 절감하면서도, 고품질의 디자인을 제작할 수 있다.

캔바 AI는 그래픽 디자인 도구로, AI를 통해 크리에이터들이 다양한 디자인을 쉽게 생성할 수 있도록 지원한다. 디자인의 레이아웃이나 색상 조합을 AI가 자동으로 제안하여 창작자가 더 빠르게 작업을 완료할 수 있게 한다. 이러한 플랫폼들은 AI와 인간의 협업을 통해 창작의 효율성을 높이며, 디지털 콘텐츠 제작에 걸리는 시간과 비용을 줄이는 데 기여하고 있다.

생성형 AI 기반 지속 가능 콘텐츠 제작 모델

AI는 콘텐츠 제작의 효율성을 높이고, 환경적인 영향을 최소화하는 데 중요한 역할을 한다. 전통적인 콘텐츠 제작 방식은 많은 에너지와 자원을 소비하며, 특히 대규모 영상 제작이나 텍스트 기반 콘텐츠 생성은 상당한 시간과 비용을 소모한다. AI 기술은 이러한 문제를 해결하고, 콘텐츠 제작 과정에서의 에너지 소비를 최적화하는 데 이바지할 수 있다.

오픈AI(OpenAI)의 GPT 모델은 텍스트 기반 콘텐츠 생성에서 시간을 획기적으로 단축하게 할 수 있는 도구로 활용된다. GPT 모델은 글쓰기, 기사 작성, 대본 작성 등을 자동화하여 창작자가 더 많은 콘텐츠를 빠르게 생성할 수 있도록 돕는다. 이 과정에서 GPT는 복잡한 문장 구조나 창의적 아이디어를 제공하며, 콘텐츠 제작의 시간을 단축하는 데 이바지한다. 이를 통해 콘텐츠 제작자들은 더 적은 자원으로 더 많은 콘텐츠를 창출할 수 있으며, 이에 따라 생산성을 높일 수 있다.

AI와 인간의 협업은 지속 가능한 콘텐츠 제작 모델을 가능하게 만든다. AI는 반복적이고 시간이 많이 소요되는 작업을 자동화함으로써 창작자가 창의적인 작업에 더 많은 시간을 할애할 수 있도록 한다. 예를 들어 AI는 편집, 자막 생성, 음악 작곡, 시나리오 작성 등 여러 분야에서 자동화 작업을 제공하고, 인간 창작자는 이러한 작업을 보강하고 확장할 수 있다. AI의 도움으로 창작자는 더 적은 자원과 시간으로 더 많은 콘텐츠를 창출할 수 있으며, 이는 콘텐츠 제작 비용을 절감하는 동시에 창작의 효율성을 높이는 방식으로 지속가능성을 제공한다.

AI는 미디어 산업에서 생산성 향상과 환경 보호를 동시에 추구할 수 있는 중요한 도구로 자리 잡고 있다. AI 기반 콘텐츠 제작은 더 많은 창작 기회를 제공하며, 창작자들이 더 창의적이고 다양한 콘텐츠를 생산할 수 있도록 돕는다. 이러한 지속 가능한 모델은 디지털 환경에서 미디어 산업의 미래를 혁신적으로 변화시킬 가능성을 지닌다. AI의 발전은 산업 내에서 환경적 부담을 줄이고, 더 많은 창작자가 참여할 기회를 만들어 가는 데 이바지할 것이다.

참고문헌

김경달 외(2023). 『디지털 미디어 인사이트 2024: AI 시대의 생존 전략, 미디어 패러다임을 바꿔라!』. 이은북.

김경달 외(2024). 『디지털 미디어 인사이트 2025: AI 에이전트가 온다』. 이은북.

김형주 외(2024). 『인공지능 윤리규범학』. 태학사.

박상용 · 황서이(2024). 『가상과 현실의 융합, 버추얼×문화콘텐츠』. 북코리아.

박상용 외(2024). 『인공지능 기술비평학』. 태학사.

박평종 외(2024). 『인공지능 사회문화학』. 태학사.

이찬규 외(2024). 『인공지능 관계소통학』. 태학사.

황서이(2024). 『AI와 엔터테인먼트』. 커뮤니케이션북스.

Kaplan. J.(2024). *Generative Artificial Intelligence: What Everyone Needs to Know*. Oxford University Press. 정미진 옮김(2024).『생성형 AI는 어떤 미래를 만드는가』. 한스미디어.

황서이

중부대학교 미디어커뮤니케이션학과 조교수다. 중앙대학교에서 예술학 박사학위를 받았고, 중앙대학교 인문콘텐츠연구소에서 HK연구교수로 인공지능인문학 연구를 수행했다(2019~2024). 주요 저서로 《AI와 엔터테인먼트》(2024), 《가상과 현실의 융합 버추얼×문화콘텐츠》(2024), 《인공지능 사회문화학》(2024) 등이 있다. 주요 연구로는 "Art Marketing in the Metaverse World: Evidence from South Korea"(2023), "버추얼 아이돌 특성이 버추얼 아이돌 공연 수용자 태도에 미치는 영향"(2023) 등이 있으며, "국내 언론을 통해 본 '한류' 경향에 관한 연구"(2020)는 한국엔터테인먼트산업학회 학술대회에서 우수 논문상을 받았다.